Jürgen Aretz (Hg.)

Nikolaus Groß

Christ – Arbeiterführer – Widerstandskämpfer
Briefe aus dem Gefängnis

Mit einem Geleitwort
von Bischof Hubert Luthe

Topos Taschenbücher

Originalausgabe

3., aktualisierte Auflage 1998

© 1993 Matthias-Grünewald-Verlag
Alle Rechte vorbehalten. 1. Auflage 1993
Reihengestaltung: Harald Schneider-Reckels und Iris Momtahen
Umschlagbild: »Plötzensee« von Alois Berg-Lebach
Gesamtherstellung: Clausen & Bosse GmbH, Leck

ISBN 3-7867-1694-3

Inhalt

Zum Geleit
Bischof Hubert Luthe 7

Vorwort des Herausgebers 9

Nikolaus Groß (1898–1945)
Jürgen Aretz 11

Die Briefe aus der Haft an die Familie

Brief vom 3. September 1944 41
Brief vom 5. bis 7. September 1944 45
Brief vom 11. September 1944 49
Brief vom 17. und 18. September 1944 53
Zwei Briefe vom 30. September 1944 59
Brief vom 8. Oktober 1944 66
Zwei Briefe vom 15. Oktober 1944 70
Brief vom 22. Oktober 1944 77
Brief vom 29. Oktober 1944 81
Brief vom 5. November 1944 86
Brief vom 12. November 1944 90
Brief vom 19. November 1944 94
Brief vom 26. November 1944 98
Kassiber vom 30. November 1944 102
Brief vom 3. Dezember 1944 104
Zwei Kassiber vom 4. Dezember 1944 109
Brief vom 17. Dezember 1944 113
Brief vom 24. Dezember 1944 117
Kassiber vom 27. Dezember 1944
  und 2. Januar 1945 122
Brief vom 31. Dezember 1944 125

Brief vom 6. Januar 1945 129
Kassiber vom 11. Januar 1945 132
Brief vom 13. Januar 1945 136
Brief vom 20. Januar 1945 139
Abschiedsbrief vom 21. Januar 1945 142

Zu dem Seligsprechungsprozeß für Nikolaus Groß
Prälat Albert Kaußen 147

Zum Geleit

Die Briefe, die Nikolaus Groß vom 3. September 1944 bis zum 21. Januar 1945, zwei Tage vor seiner Hinrichtung, aus den Gefängnissen Fürstenberg und Tegel an seine Familie geschrieben hat, waren nicht für unsere Augen bestimmt. Das müssen wir bedenken, wenn wir sie in die Hand nehmen. Nur die Ehrfurcht vor dem Innersten eines Menschen kann sie begreifen und verstehen.
Wir danken denen, an die sie gerichtet sind, dafür, daß sie uns diese Briefe heute, achtundvierzig Jahre später, übergeben. Wir haben ihr Zeugnis, ihre Mahnung und ihre Ermutigung nötig.
Wofür lohnt es zu leben? Wofür lohnt es zu sterben? Von dem, was zu seiner Verhaftung und später zu seinem Todesurteil geführt hat, darf Nikolaus Groß nicht sprechen. Unter den Namen derer, die er gelegentlich erwähnt oder an die er Grüße aufträgt, ist der eine oder andere seiner Freunde verborgen, die gleiches gewagt und gleiches erlitten haben.
Wovon redet ein Mensch, wenn ihm alles genommen, wenn ihm das Geviert einer Gefängniszelle zum Lebensraum angewiesen, wenn das Todesurteil schließlich Gewißheit geworden ist? Was ist dann noch notwendig? Was ist dann wichtig? Was läßt dann noch hoffen? Was läßt dann überleben?
In diesen Briefen werden die Wurzeln sichtbar, aus denen Nikolaus Groß gelebt, sein Leben eingesetzt, seinen Tod bestanden hat.
Ich wünsche dieses kleine Buch in viele Hände, vor allem in die Hände junger Menschen und in die Hände derer, die heute so alt sind, wie Nikolaus Groß war, als er sie schrieb.

»Vater, wohin gehst Du?« hat seine noch nicht fünfjährige Tochter Leni ihn gefragt, als am 12. August 1944 die Gestapo kam. Wohin ist er gegangen? Wohin sind wir unterwegs?

Essen, den 31. Juli 1992 +Hubert Luthe
Bischof von Essen

Vorwort des Herausgebers

Dieses Buch verdankt seine Entstehung den sieben Kindern von Nikolaus Groß. Sie haben die ganz persönlichen und privaten Briefe, die ihr Vater aus der Haft und schließlich der Todeszelle schrieb, zur Veröffentlichung freigegeben. Diese Entscheidung ist ihnen nicht leichtgefallen, teilen diese Briefe doch die Gedanken, Sorgen und Hoffnungen mit, die ihr Vater in dieser Ausnahmesituation an sie, die Kinder, und die Mutter richtete.
Die Briefe geben Zeugnis von einem Menschen, der ein unspektakuläres Leben führte. Gleichwohl ist dieses Leben nur unvollkommen zu beschreiben. Mit der nachstehenden Biographie soll der Versuch unternommen werden, an die letzten Monate heranzuführen, und, wie es der Christ Nikolaus Groß verstand, die Erfüllung seines Lebens.
Aus der Rückschau eines halben Jahrhunderts stimmen diese Texte nicht nur nachdenklich und betroffen. Manche, die glauben, ihr Los nicht mehr tragen zu können, finden durch sie vielleicht auch Trost und Hilfe.

Vorgelegt werden die erhaltenen 29 Briefe und Mitteilungen, die Nikolaus Groß – mit Ausnahme von zwei Kassibern – an seine Familie gerichtet hat. Der Abschiedsbrief, den er kurz vor der Hinrichtung schrieb, ist bereits früher veröffentlicht worden; sein Abdruck erfolgte aber meist nicht in der authentischen Fassung. Alle aus der Haftzeit erhaltenen Texte werden hier erstmals ungekürzt publiziert.
Zum besseren inhaltlichen Verständnis des heutigen Lesers sind den Brieftexten Einleitungen vorangestellt, die sich im wesentlichen auf die Erläuterung von Personen und Ortsnamen sowie die Aufklärung von Anspielungen,

Decknamen usw. beschränken. Wegen des persönlichen Charakters der Briefe ist auf ausführlichere Anmerkungen verzichtet worden.
Das Buch liegt zum 100. Geburtstag von Nikolaus Groß nun in 3. Auflage vor. Diese Tatsache belegt das anhaltende Interesse an dem Zeugnis eines Mannes, dessen Schicksal in unserer Zeit neue, auch politische Bedeutung gewinnt, hängen doch im wiedervereinigten Deutschland immer noch – oder wieder – einige den Zeichen und Ideen der braunen Barbarei an und setzen sie unserem demokratischen Gemeinwesen entgegen. Dieses Gemeinwesen ist nicht zuletzt auf das Vorbild von Frauen und Männern wie Nikolaus Groß gegründet.

Bonn-Bad Godesberg, Jürgen Aretz
im September 1998

Nikolaus Groß (1898–1945)

Ein Mann aus sogenannten einfachen Verhältnissen, der, im Ruhrgebiet geboren, Bergmann wurde und als Vater einer großen Familie sieben Kinder zu ernähren hatte – insoweit würde Nikolaus Groß in ein Klischee passen, das über katholische Arbeiter seiner Zeit und seiner Herkunft verbreitet ist. Die Annäherung an den Menschen Nikolaus Groß bringt freilich anderes zutage: Es entsteht das Bild eines jungen Mannes, der lernen und sich qualifizieren möchte, ohne seine Herkunft zu vergessen oder gar zu verleugnen, und der später die gewonnenen Kenntnisse und Erkenntnisse für die Menschen seiner sozialen Schicht einsetzen will. Kern und Zentrum seines Lebens, seiner Gefühle und seines gesellschaftlichen Denkens ist nicht eine Ideologie oder die Zugehörigkeit zu einer Organisation, sondern die Familie. Tief verwurzelt im christlichen Glauben, bezieht er Halt und Antriebskraft aus seiner religiösen Überzeugung.
Das Entstehen und schließlich die Machtergreifung einer antichristlichen, freiheitsfeindlichen Ideologie, die alle Lebensbereiche ihrer geistigen und materiellen Verfügungsgewalt unterwerfen will, muß folgerichtig seinen Widerstand hervorrufen, einen Widerstand, dessen letzte Konsequenz Nikolaus Groß bewußt annimmt – in gläubiger Ergebenheit in ein von Gott zugelassenes Schicksal.

I.

Nikolaus Groß wurde am 30. September 1898 in Niederwenigern an der Ruhr geboren, das heute ein Ortsteil von Hattingen ist, und zwei Tage später in der dortigen Pfarrkirche St. Mauritius auf den Namen Nikolaus

Franz getauft. Seine Mutter Elisabeth Groß, geb. Naße (1861–1929), stammte aus Hultrop, die Familie seines Vaters Nikolaus (1857–1946), von dem er den Rufnamen erhielt, war an der unteren Mosel zu Hause gewesen. Aus der Ehe gingen noch die Töchter Maria und Elisabeth hervor. Der Vater hatte in seinem Heimatort Moselkern das Schmiedehandwerk erlernt und war – wie viele Handwerker seiner Zeit – in den achtziger Jahren aus wirtschaftlichen Gründen in das Ruhrgebiet gegangen. In Hattingen hatte er eine neue Heimat gefunden und fortan als Zechenschmied gearbeitet.

Nikolaus Groß besuchte von 1905 bis 1912 die katholische Volksschule in Niederwenigern und wurde nach Absolvierung der damals siebenjährigen Schulpflicht Jungarbeiter in einem Blechwalzwerk in Altendorf/Ruhr. Zum Jahresbeginn 1915 wechselte er als Schlepper, später, nach Beendigung der Hauerlehre, als Kohlenhauer auf eine Zeche in Bochum-Dahlhausen. Im Frühjahr 1919 kehrte er nach Altendorf zurück. Nikolaus Groß hatte sich mit dem Beruf des Bergmannes für eine Tätigkeit entschieden, an die während des Ersten Weltkrieges wegen des Kohlebedarfs der Rüstungsindustrie immer höhere Anforderungen gestellt wurden. Vom Kriegsdienst war er als Bergmann befreit.

Während seiner Lehre trat er dem ›Gewerkverein Christlicher Bergarbeiter Deutschlands‹ (1917) und der ›Deutschen Zentrumspartei‹ (1918) bei, schließlich im Juni 1919 dem Antonius-Knappenverein Niederwenigern. Schon durch die gewerkschaftliche Schulungsarbeit hatte Nikolaus Groß wichtige Weiterbildungsmöglichkeiten erhalten, die er intensiv nutzte; noch entscheidender sollte der unmittelbare Kontakt zur katholischen Arbeiterbewegung werden, die ihre Hauptaufgabe in der sozialen, politischen und kulturellen Emanzipation der Arbeiter sah.

Zunächst trat Nikolaus Groß in die Dienste der christlichen Gewerkschaften: Im Juni 1920 beendete er seine Bergarbeitertätigkeit und erhielt nach entsprechender Einführung

Nikolaus Groß

vom ›Gewerkverein Christlicher Bergarbeiter Deutschlands‹ (GCBD) eine Anstellung als Jugendsekretär in Oberhausen. In der folgenden Zeit wurde er auf weitere hauptberufliche Aufgaben im Bereich der christlichen Gewerkschaften vorbereitet. Nach einem Jahr wechselte er in die Zentrale der christlichen Gewerkschaften in Essen und durchlief eine Ausbildung in der Redaktion des Gewerkschaftsblattes ›Bergknappe‹. Es folgte sein Einsatz bei einem großen Streik im Mansfelder Kupferbergbau bei Eisleben (Februar/März 1922), in dem es um die Sicherung der durch die Inflation bedrohten Reallöhne der Arbeiter ging.

Mit Wirkung vom 1. Juni 1922 wurde Nikolaus Groß schließlich, wie er in seinem Lebenslauf schrieb, »zur weiteren praktischen Ausbildung« nach Waldenburg/Schlesien versetzt. Er arbeitete dort unter für ihn auch persönlich schwierigen Bedingungen, zumal die Inflationszeit die gewerkschaftliche Arbeit immer mehr erschwerte. Nur sechs Monate später kam die Versetzung nach Zwickau. Nikolaus Groß arbeitete dort als Bezirkssekretär des GCBD für das südliche Sachsen gerade in der Zeit, als die im Ruhrgebiet bereits früher deutlich gewordene Krise auch den sächsischen Steinkohlenbergbau ergriff. Tag für Tag wurde er mit der Not der Arbeiter konfrontiert; die extreme Inflation verlangte permanente Tarifverhandlungen.

Während seiner Zwickauer Zeit heiratete er im Mai 1923 Elisabeth Koch (1901–1972), die wie er aus Niederwenigern stammte. Das Brautpaar kannte sich schon seit der Schulzeit, hatte aber, wie aus einem Brief hervorgeht, den Nikolaus Groß am 31. Dezember 1944 schrieb, erst am Silvesterabend 1920 zueinandergefunden. Wahrscheinlich waren sie bei der Probe einer Laienspielschar wieder zusammengetroffen, die Nikolaus Groß im Rahmen der Jugendarbeit aufgebaut hatte.

Die Ehe, aus der sieben Kinder hervorgingen, verlief sehr

harmonisch. Im Jahr 1924 wurde der Sohn Nikolaus Heinrich (Klaus) geboren, 1926 und 1927 die Töchter Bernhardine Elisabeth (Berny) und Marianne, 1929 die Tochter Elisabeth (Liesel), 1931 der Sohn Alexander (Alex), 1934 der Sohn Bernhard und 1939 schließlich die Tochter Helene (Leni). Für Nikolaus Groß blieb die große Familie, der er später sein kleines Buch »Sieben um einen Tisch« widmete, stets Mittelpunkt seines Lebens – welchen politischen oder beruflichen Aufgaben er sich immer auch verschrieb.

II.

Ende 1924 kehrte Nikolaus Groß aus beruflichen Gründen in das inzwischen von den Franzosen besetzte Ruhrgebiet zurück. Als Sekretär der christlichen Gewerkschaften in Bottrop stand er noch einmal für etwas mehr als zwei Jahre in der gewerkschaftlichen Tagesarbeit. Standen bei seinen bisherigen Stationen journalistische Aufgaben und Tariffragen im Mittelpunkt seiner Tätigkeit, so arbeitete er in Bottrop vornehmlich im Bereich des Rechtsschutzes bzw. der Rechtsberatung für die Gewerkschaftsmitglieder. Groß hatte damit umfassende praktische Erfahrungen auf zentralen Feldern der Gewerkschaftsarbeit sammeln können.

Im Sommer 1926 stellte eine Empfehlung aus der Zentrale des GCBD in Essen, die möglicherweise von Heinrich Imbusch, dem Vorsitzenden der christlichen Gewerkschaften, persönlich ausging, die Weichen für sein weiteres Leben. Für die Redaktion der ›Westdeutschen Arbeiter-Zeitung‹ (WAZ), des Verbandsorgans der katholischen Arbeitervereine Westdeutschlands, wurde ein Mitarbeiter gesucht, vorgeblich zur Entlastung des Schriftleiters Wilhelm Elfes. Dahinter stand, daß Elfes mit einer »äußerst mißverständlichen Auslassung in Sachen einer gewerkschaftlichen ›Einheitsbewegung‹« den Unmut Adam Stegerwalds hervorgerufen hatte, des mächtigen Vorsitzen-

den der christlichen Gewerkschaften. Stegerwald forderte die Ergänzung der WAZ-Redaktion um einen »Gewerkschaftsmann«. Die Auseinandersetzung deutete an, in welcher Richtung sich die christlichen Gewerkschaften, deren Gründung und Aufbau maßgeblich auf die katholischen Arbeitervereine zurückgegangen war, unter der Führung Stegerwalds entwickelt hatten.
Elfes akzeptierte Groß als Mitarbeiter und schlug ihn Prälat Otto Müller vor, der die Entscheidung treffen mußte. Müller leitete die katholischen Arbeitervereine de facto seit den neunziger Jahren, seit 1904 offiziell als Präses des ›Verbandes der Katholischen Arbeiter- und Knappenvereine Westdeutschlands‹ mit Sitz in Mönchengladbach. Dieser Verband organisierte während der Weimarer Republik bis zu 200 000 katholische Arbeiter und erfaßte damit in seinem Gebiet jeden zehnten katholischen Industriearbeiter.
Die katholischen Arbeitervereine, die größte konfessionelle Arbeiterorganisation des Deutschen Reiches, sahen ihre Aufgabe in der staatsbürgerkundlichen und religiösen Bildungsarbeit und hatten sich zum Ziel gesetzt, zur Integration der Industriearbeiter in Staat und Gesellschaft beizutragen und ihnen einen gleichberechtigten »Stand« neben den anderen »Ständen« zu verschaffen. Das bedeutete zugleich eine Absage an klassenkämpferische Vorstellungen. Parteipolitisch bildeten die katholischen Arbeitervereine den linken Flügel des Zentrums, eine Tatsache, die 1929 dazu beitrug, daß Joseph Joos, damals ihr bedeutendster Laienvertreter, nicht zum Vorsitzenden der Deutschen Zentrumspartei gewählt wurde. Bezeichnenderweise war Adam Stegerwald sein Gegenkandidat. Als Sieger ging aus diesem Wettbewerb schließlich der Kompromißkandidat Prälat Ludwig Kaas hervor.
Die WAZ, ein Wochenblatt, dessen Wirkung weit über den Verband hinausreichte, erzielte Mitte der zwanziger Jahre eine Auflage von etwa 170 000 Exemplaren. Für

Nikolaus Groß bedeutete das Angebot Müllers Herausforderung und Chance zugleich. Die mehrjährige praktische Arbeit in den Gewerkschaften war für ihn eine prägende Erfahrung gewesen, aber er hatte auch erkannt, daß die sozialen und politischen Probleme, denen die Arbeiter gegenüberstanden, nicht allein und auch nicht in erster Linie durch die Lösung von Einzel- und Tagesfragen bewältigt werden konnten. Es mangelte vielmehr an grundsätzlichen Voraussetzungen, im besonderen mußten die Arbeiter in weit größerem Maße befähigt werden, selbst zu handeln. Diese Perspektive war es wohl in erster Linie, die Nikolaus Groß bewog, das Angebot Müllers anzunehmen. Am 1. Januar 1927 trat er in die Redaktion der WAZ ein.
Zu diesem Zeitpunkt war bereits klar, daß aus dme Redaktionsgehilfen Groß schon nach kurzer Zeit der Schriftleiter Groß werden würde. Wilhelm Elfes hatte zwischenzeitlich in der Frage der Fürstenabfindung, eines zentralen innenpolitischen Streitpunktes der Weimarer Republik und im besonderen des Jahres 1926, »radikale Maßnahmen« befürwortet und sich damit in einen Gegensatz zur Verbandsleitung der westdeutschen Arbeitervereine gebracht. Die Trennung von dem erfahrenen, aber auch sehr eigenwilligen Elfes war die Folge, und Nikolaus Groß wurde bereits am 1. April 1927 Hauptschriftleiter der WAZ. Seine engen Kontakte zu den christlichen Gewerkschaften hielt er aufrecht.
Im Jahre 1929 verlegte der ›Verband der Katholischen Arbeiter- und Knappenvereine Westdeutschlands‹ seine Zentrale aus Mönchengladbach, der heimlichen Hauptstadt der katholisch-sozialen Bewegung in Deutschland, nach Köln. Als Folge dieser Entscheidung zog auch die Redaktion der WAZ dorthin. Für Nikolaus Groß und seine wachsende Familie bedeutete das einen weiteren, zugleich aber den letzten Umzug. Sie bezogen eine Wohnung im Komplex der Verbandszentrale an der heutigen Nikolaus-Groß-Straße in Köln.

In der Zentrale der katholischen Arbeitervereine Westdeutschlands lernte Nikolaus Groß, inzwischen 28 Jahre alt, den vier Jahre älteren Bernhard Letterhaus kennen. Müller hatte ihn zur gleichen Zeit als neuen Verbandssekretär gewonnen. Wie Groß kam Letterhaus aus der christlichen Gewerkschaftsbewegung; er hatte zuvor beim ›Zentralverband Christlicher Textilarbeiter‹ in Düsseldorf gearbeitet.
Beide schlossen trotz sehr unterschiedlicher Temperamente persönliche Freundschaft. Letterhaus, von hoher Intelligenz, rhetorisch beeindruckend, zu impulsiven Handlungen neigend, war eine durchaus politische Persönlichkeit und kandidierte folgerichtig – und erfolgreich – 1928 und 1932 im Wahlkreis Düsseldorf-Ost für den Preußischen Landtag. Groß hatte seine Qualifikationen besonders hart erarbeiten müssen, erschien besonnen und ausgeglichen, als Redner weit eher grundsätzlich und überzeugend als mitreißend. Seine Sprache war unprätentiös und klar, seine Botschaft für die Zuhörer und Leser unmißverständlich. Daß er auch über andere Möglichkeiten verfügte, stellte er nach Hitlers Machtergreifung unter Beweis, als es darauf ankam, »zwischen den Zeilen zu schreiben«. Groß und Letterhaus verband eine konsequente Haltung in den entscheidenden Lebensfragen und ein hohes Maß an persönlicher Integrität. Otto Müller schloß die beiden jungen Laien bald in sein Vertrauen und bezog sie auch in die tatsächliche Verbandsleitung ein – ein Vorgang, der fast vierzig Jahre vor dem Zweiten Vatikanischen Konzil im grundsätzlich geistlich geführten deutschen Verbandskatholizismus eher die Ausnahme bildete.

III.

Als Nikolaus Groß in die Zentrale der westdeutschen Arbeitervereine wechselte, stand die grundsätzliche Arbeit im Vordergrund der ›Katholischen Arbeiterbewegung‹

(KAB). Sie folgte der Leitlinie, daß konkrete gesellschaftliche Fortschritte, die »Zuständereform«, programmatische Veränderungen und vor allem ein geändertes Denken voraussetze, eine »Gesinnungsreform«. Viel Zeit für grundsätzliche Erwägungen blieb nicht mehr. Zwei Jahre, nachdem Nikolaus Groß die Leitung der WAZ übernommen hatte, drängten konkrete und sehr aktuelle Fragen die Grundsatzarbeit zunehmend in den Hintergrund.

Ende Oktober 1929 kam es an der New Yorker Börse zu dramatischen Kursstürzen, die als Ausbruch der Weltwirtschaftskrise gelten. Das Deutsche Reich war schon zuvor in eine neue Wirtschaftskrise geraten, die zum Zeitpunkt der New Yorker Ereignisse die Arbeitslosenzahlen bereits auf 1,5 Millionen hatte ansteigen lassen. Eine funktionsfähige Arbeitslosenversicherung gab es noch nicht, massenhaftes soziales Elend breitete sich aus. Die Erwerbslosenproblematik und die Frage des politischen Extremismus, die in enger Verbindung standen, rückten mehr und mehr in den Mittelpunkt der Verbandsarbeit und damit auch der WAZ. Sie wurde an Arbeitslose verbilligt oder kostenlos abgegeben, spezielle Erwerbslosen-Ausgaben folgten – Maßnahmen, die zu weit umfassenderen Versuchen der katholischen Arbeitervereine gehörten, zur Linderung der sozialen Not beizutragen.

Nikolaus Groß und seine Freunde erkannten die politischen Gefahren, die der von Erblasten und Krisen geschwächten Weimarer Demokratie gerade in dieser Situation durch den politischen Extremismus drohten. Schon lange zuvor hatten sie vor dem Kommunismus gewarnt, in der Verbandszeitschrift ebenso wie in den Veranstaltungen der katholischen Arbeitervereine. Sie bewiesen jetzt aber auch ihr Gespür für aufkommende neue Gefahren. Mehr und mehr rückten die Nationalsozialisten in den Mittelpunkt des Abwehrkampfes.

Erst die Reichstagswahlen vom September 1930, bei denen die Nationalsozialisten statt bisher zwölf nicht weniger als 107 Mandate errangen, sollten vielen, aber leider nicht ausreichend vielen Deutschen das Ausmaß der Gefahr verdeutlichen. Nikolaus Groß dagegen hatte bereits im November 1929 anläßlich der preußischen Provinziallandtagswahlen zutreffend kommentiert, im Erfolg der NSDAP – sie errang fast 900 000 Stimmen – zeige sich »eine bedenkliche Entwicklung. Daß ein so großer Teil Wähler dieser politisch ideenlosen Gruppe ihre Stimme zuwandte, zeugt von keiner politischen Reife und Urteilsfähigkeit.«

Mit Heinrich Brüning wurde Ende März 1930 ein Zentrumspolitiker zum Reichskanzler ernannt, der den katholischen Arbeitervereinen durch seine frühere Tätigkeit für die christlichen Gewerkschaften inhaltlich und persönlich eng verbunden war. In der KAB-Führung herrschte große Zuversicht, daß Brüning die vielfältigen wirtschaftlichen und politischen Schwierigkeiten des Reiches überwinden werde. Wie sein Freund Letterhaus setzte sich Groß bedingungslos für diesen Zentrumskanzler ein. »Von Jahr zu Jahr«, schrieb Nikolaus Groß in der WAZ, »sind wir in eine immer schlimmere Krise hineingekommen. Die Arbeiterschaft hat ihre Lasten zu einem guten Teil tragen müssen. Keine Regierung hatte den Mut zur Umkehr... Es ist ein Opfergang, den Dr. Brüning geht. Mögen andere geifern, verdächtigen, verhetzen, kritisieren; die katholische Arbeiterschaft wird sich in ihrem Vertrauen nicht wanken machen lassen.«

Die Unterstützung Brünings, die sich zur Identifikation mit ihm steigerte, verband Groß mit scharfen Angriffen auf Nationalsozialisten und Kommunisten, die er als »Todfeinde des heutigen Staates« bezeichnete. Unmittelbar vor den Reichstagswahlen vom 14. September 1930 machte er noch einmal deutlich, daß die NSDAP der Hauptgegner sei: »Wir lehnen als katholische Arbeiter den Nationalsozialismus nicht nur aus politischen und wirtschaftlichen Gründen, sondern entscheidend auch aus unserer religiösen und kulturellen Haltung entschieden und eindeutig ab.«

Die Wahlen, von Brüning in Verkennung der politischen Gegebenheiten gefordert, brachten der NSDAP den bereits erwähnten erdrutschartigen Erfolg; auch die KPD stieg von 54 auf 77 Mandate. Nikolaus Groß und die Verbandsführung der KAB sahen sich in ihrer Überzeugung bestätigt, daß alle anderen Themen hinter den Kampf gegen den politischen Extremismus zurücktreten müßten. Diese Überzeugung hatten sie bereits in konkrete Öffentlichkeits- und Verbandsarbeit umgesetzt. Im Januar 1932 stellte Groß zutreffend fest, dem Nationalsozialismus sei es bisher nicht gelungen, in die organisierte Arbeiterschaft einzubrechen, weder in die christliche noch in die sozialdemokratische. Lediglich unter kommunistischen Arbeitern habe die NSDAP Erfolgsaussichten, da im Grunde die Schlagwörter zwischen Kommunismus und Nationalsozialismus austauschbar seien. Der Nationalsozialismus war für ihn – »soweit er nicht von einer von Herrschaftsgelüsten besessenen intellektuellen Führerschicht mißbraucht« werde – »das Evangelium der politisch und wirtschaftlich Primitiven«.

Die Reichspräsidentenwahlen im Frühjahr 1932 machten deutlich, wie sehr sich das politische Klima der Weimarer Republik verändert hatte. Noch sieben Jahre zuvor waren die katholischen Arbeitervereine gegen den Mann angetreten, den sie jetzt als das kleinere Übel mittrugen: Paul von Hindenburg. Sein Gegenkandidat hieß Adolf Hitler.

Ob Nikolaus Groß wirklich annahm, der »Charlatan« Hitler, den er auch einen »falschen Propheten« nannte, werde bei den Reichspräsidentenwahlen die von ihm vorausgesagte fürchterliche »Ernüchterung« erfahren, muß offenbleiben. Zwar konnte Hitler den seinerzeit populärsten deutschen Politiker im Kampf um das höchste Staatsamt nicht besiegen, aber zwei weitere Wahlgänge brachten

ihn 1932, einem Jahr nahezu permanenter Wahlkämpfe und damit nationalsozialistischer Selbstdarstellungsmöglichkeiten, seinem Ziel ein entscheidendes Stück näher.
Für die preußischen Landtagswahlen vom 24. April 1932, bei denen sein Freund Letterhaus wieder erfolgreich kandidierte, gestaltete Groß eine vierseitige Sondernummer der WAZ, die der Landesarbeiterbeirat der Zentrumspartei für die Rheinprovinz als »das wirkungsvollste Flugblatt des Wahlkampfes« bezeichnete. Die Ausgabe stand unter dem offensiven Titel »Generalsturm« und richtete sich in erster Linie gegen die NSDAP, ihre Verbindung zu Industrieclubs und die »Futterkrippenwirtschaft« der Deutsch-Nationalen Volkspartei. Trotz des relativ guten Abschneidens der Zentrumspartei ging diese Wahl verloren: Die Mandatssteigerung der NSDAP schloß fortan eine Mehrheitsbildung der demokratischen Parteien im Preußischen Landtag aus.
Die Krise der Weimarer Republik erreichte bald einen neuen Höhepunkt. Während Nikolaus Groß Brünings Auftreten im Reichstag und seinen Abstimmungssieg in der Frage der Kreditermächtigungen unter der Überschrift »Die Dinge reifen zur Entscheidung« noch als persönlichen Erfolg des Kanzlers wertete und schrieb, Hindenburg und das Zentrum stünden hinter Brüning, war die Entscheidung längst in ganz anderer Weise gefallen, als er und viele andere Beobachter glaubten: Hindenburg entließ Brüning. Die katholischen Arbeitervereine zeigten sich empört und ratlos zugleich, zumal die Folgen vorhersehbar schienen: Die von Brünings Nachfolger von Papen, den die katholischen Arbeitervereine als »Verräter« geißelten, verlangten und am 31. Juli 1932 durchgeführten Reichstagswahlen stärkten den politischen Extremismus. Die NSDAP erreichte 230 Reichstagssitze, die Kommunisten 89 Mandate. Damit bestand jetzt auch im Reichstag eine verfassungsfeindliche Mehrheit.
Hitlers nächsten Schritt an die Macht, die Forderung nach

seiner Ernennung zum Reichskanzler, lehnte Hindenburg am 13. August 1932 mit der Begründung ab, das könne er »vor seinem Gewissen und dem Vaterlande nicht verantworten«. Nikolaus Groß reagierte, Hindenburgs Antwort lasse zwei Interpretationen zu: Entweder sei das Verlangen verfassungswidrig oder Hitler besitze »nicht die notwendigen Fähigkeiten«. Damit sei »Herrn Hitler vor dem ganzen deutschen Volke eine peinliche Ohrfeige erteilt« worden.

Der Kampf gegen den Nationalsozialismus wurde in den nächsten Monaten weiter intensiviert. Groß verfaßte für die WAZ eine dreiteilige Artikelserie, in der er sich noch einmal grundsätzlich mit dem Nationalsozialismus auseinandersetzte: »Weltanschaulich ein wildes Durcheinander aus den verschiedensten Weltanschauungen entlehnter Gedanken«, »eine waghalsige Ideenpyramide«, »teils Weltanschauung, teils Religionsersatz, dazu ein Stückchen Parteiprogramm, Wirtschaftsreform, gesellschaftliche Heilsbotschaft, Rassenlehre, Kollektivismus, Individualismus u. a. m.«. Die nationalsozialistische Weltanschauung sei »nicht christlich, geschweige denn katholisch«. Politisch verfechte der Nationalsozialismus den Diktaturgedanken und sei damit ein »Sammelbecken der politisch Unreifen und Unmündigen«; wirtschaftlich pendle er »haltlos zwischen Kollektivismus und Privatkapitalismus«. Zum Anspruch des Nationalsozialismus, Weltanschauung zu sein, habe die Fuldaer Bischofskonferenz erklärt, daß er »zu fundamentalen Wahrheiten des Christentums in schroffem Gegensatz steht. Das genügt.« Groß machte mit dieser knappen Formulierung auch deutlich, daß er und seine Freunde in der KAB hinter den deutschen Bischöfen standen, aber in besonderer Weise, welche Autorität er ihren Äußerungen persönlich beimaß.

Die WAZ richtete ihre Angriffe in der folgenden Zeit zunehmend auf Brünings Nachfolger von Papen sowie den restaurativ orientierten deutsch-nationalen Wirtschaftsmagnaten Alfred Hugenberg. Als die Nationalsozialisten bei den Reichstagswahlen am 6. November 1932 zwei Millionen Stimmen verloren und die NSDAP in eine innere Krise geriet, schien das für viele Beobachter im demokratischen Lager der Anfang vom Ende der Hitler-Bewegung. Nikolaus Groß kommentierte zum Jahreswechsel 1932/33, der 13. August 1932 habe Hitlers Hoffnung zerstört, Reichskanzler zu werden, die Harzburger Front sei auseinandergebrochen: »Der Nationalsozialismus hat seine äußersten Grenzen erreicht und flutet bereits wieder zurück. An ein neues Vordringen über seinen höchsten Stand hinaus glauben wir nicht.«

Groß sollte sich entscheidend geirrt haben. Am 30. Januar 1933 wurde Adolf Hitler zum Reichskanzler ernannt, ein Vorgang, der für die meisten demokratischen Beobachter völlig überraschend kam. So hieß es denn auch in der WAZ: »Es ist erreicht! Herr Hitler ist Reichskanzler. Zwei seiner Unterführer, Göring und Frick, sind Minister. Über jede weitere Auskunft wende man sich vertrauensvoll an Herrn Hugenberg. Das Dritte Reich ist da.«

IV.

Schon wenige Wochen nach dem 30. Januar 1933 zeigte sich, wie berechtigt die Befürchtungen gewesen waren, die Nikolaus Groß und seine Freunde für den Fall einer nationalsozialistischen Machtergreifung gehegt hatten. Als Joseph Joos in einem Artikel der WAZ die Urheberschaft der Nationalsozialisten beim Reichstagsbrand andeutete, wurde das Erscheinen des Verbandsorgans für drei Wochen untersagt. Die bedeutendste nichtsozialistische Arbeiterzeitung Deutschlands war damit erstmals in ihrer 35jährigen Geschichte verboten worden.

Groß versuchte in der Folgezeit, die Zeitung vor der Vernichtung zu bewahren, ohne inhaltliche Zugeständnisse machen zu müssen. Ein möglicherweise fingierter Leser-

brief wies auf den neuen Stil und eine veränderte Sprache hin: »Suche es fortan so einzurichten«, hieß es darin, »daß wir Dich nicht mehr entbehren brauchen, denn es geht dadurch zuviel verloren. Mit treukatholischem Gruß M. S.«
Indirekt drückte Nikolaus Groß jetzt das aus, was bei offener Formulierung zum sofortigen endgültigen Verbot geführt hätte. Joos übertrieb nicht, als er nach dem Krieg die weitergehende Konsequenz beschrieb: Man habe im »Dritten Reich versucht, den Leuten in einer Sprache, die uns nicht sofort an den Galgen brachte, zu sagen, worum es letztlich geht«. So mancher Text aus der Zeit nach 1933 wird heute nicht mehr als Camouflage erkannt und damit auch nicht mehr in seinem regimekritischen Sinn verstanden.
Nikolaus Groß entwickelte eine Meisterschaft in der verdeckten Botschaft und Mitteilung. Betrachtungen zu religiösen Themen oder historischen Vorgängen sowie Zitate aus bekannten Werken der Literatur gehörten zu den Stilmitteln. Der unmittelbare Bezug auf aktuelle Ereignisse wurde meist gar nicht ausgesprochen; dem verständigen zeitgenössischen Leser war die Absicht ohnehin klar. So gab Groß angesichts antisemitischer Ausschreitungen und der Übergriffe der Nationalsozialisten gegen politisch Andersdenkende im Frühjahr 1933 einen Fastenhirtenbrief Kettelers auszugsweise wieder, in dem der Mainzer Bischof festgestellt hatte, daß »zum Gedeihen der menschlichen Verhältnisse gleich notwendig eine geordnete Staatsgewalt und ein großes Maß an persönlicher Freiheit« gehörten; diese Freiheit müsse auch Geltung haben »für den einzelnen Menschen in seinen vielfachen Verbindungen zur Verwirklichung seiner religiösen, geistigen, sittlichen, politischen, wirtschaftlichen Interessen«. Die Leser wußten sehr genau, warum dieser Hirtenbrief nach 62 Jahren ausgerechnet zu diesem Zeitpunkt wieder veröffentlicht wurde.

Wenige Tage nach dem Staatsakt von Potsdam, einem Spektakel, bei dem Hitler im Beisein Hindenburgs die nationale Sache beschwor, ging Groß als Schriftleiter der WAZ so weit, selbst Bismarck zu zitieren. Kulturkampf und Katholikendiskriminierung des »Eisernen Kanzlers« waren damals durchaus noch im Bewußtsein der katholischen Arbeiter, und so hatte es schon eine besondere Bedeutung, wenn gerade er mit einer Stelle aus den »Gedanken und Erinnerungen« als Mahner gegen »Diktatur und Cäsarismus« bemüht wurde und als Befürworter des »berechtigten und festzuhaltenden Maßes an Freiheit«.
Auch auf den offenen Antisemitismus der neuen Machthaber reagierte Groß. In einer Ausgabe der WAZ rückte er die Meldung über einen Rabbiner ein, der im Ersten Weltkrieg einem sterbenden Priester Beistand geleistet und dabei selbst den Tod gefunden hatte: »Ein zweifaches Beispiel: Man muß den Heldenmut und die Liebe ehren, wo man sie findet.« Antisemitischen Maßnahmen des Regimes wurde ohne weitere Kommentierung die hohe Zahl der im Ersten Weltkrieg gefallenen jüdischen Frontsoldaten gegenübergestellt oder auf die israelitische Herkunft des christlichen Erntedankfestes hingewiesen. In anderen Artikeln verwarf die WAZ ausdrücklich die Höher- oder Minderwertigkeit einer Rasse und hob in scheinbar rein religiösen Artikeln die Stellung der Juden als des »auserwählten Volkes« hervor.
Nikolaus Groß und seine Mitarbeiter kämpften in letzter Konsequenz für die durch den nationalsozialistischen Macht- und Weltanschauungsanspruch bedrohte Glaubens- und Gewissensfreiheit. Die Machthaber haben diese regimefeindliche Zielsetzung voll erkannt. In einem Lagebericht von Reinhard Heydrich, zu dieser Zeit Leiter des Geheimen Staatspolizeiamtes in Berlin, hieß es 1934 unter Anführung der WAZ, in einem Großteil der katholischen Zeitschriften werde ein »dauernder heimlicher Kampf gegen den Nationalsozialismus« geführt.

Formale Blößen suchte Nikolaus Groß zu vermeiden: Er beantragte im Oktober 1933 die Aufnahme in die Reichspressekammer, die dann bezeichnenderweise erst zwei Jahre später erfolgte.
Für die katholischen Arbeitervereine, die vor dem 30. Januar 1933 in so eindeutiger und engagierter Weise gegen den Nationalsozialismus Stellung bezogen hatten, wurde die Situation immer schwieriger. Robert Ley, der »Führer« der Deutschen Arbeitsfront, bezeichnete sie schon im Sommer 1933 als »staatsfeindlich«. Der Schutz des Reichskonkordates vom 20. Juli 1933 erwies sich als ganz unzureichend, und im April 1934 wurde die Doppelmitgliedschaft in den katholischen Arbeitervereinen und der Deutschen Arbeitsfront verboten. Da die Mitgliedschaft in der Arbeitsfront de facto Voraussetzung für ein Beschäftigungsverhältnis war und die meisten KAB-Mitglieder in ihrem Arbeiterverein blieben, wurden viele entlassen oder erhielten, soweit sie arbeitslos waren, keine neue Stelle. Die Treue der KAB-Mitglieder war bemerkenswert. An den Glaubensfahrten, die offenkundig auch als politische Manifestation gedacht waren, nahmen 1934/35 mehr als 200 000 Männer teil.
Äußere Zugeständnisse konnte der Verband jedoch längerfristig nicht völlig umgehen. Zum Jahreswechsel 1934/35 mußte der Titel des Verbandsorgans geändert werden; die WAZ hieß fortan ›Ketteler-Wacht‹. Nikolaus Groß gestaltete das Blatt neu und erreichte vorübergehend sogar eine Auflagensteigerung. Inhaltlich blieb er seiner Linie treu. Politische Artikel waren längst verboten, und so versuchte er über religiöse Beiträge und kirchliche Nachrichten die Leser gegen die nationalsozialistische Propaganda zu immunisieren. So erschien vor den Olympischen Sommerspielen in Berlin 1936, die für das Regime ein Propaganda-Erfolg werden sollten, unter der Rubrik »Der Wächter« eine Meldung, wonach der niederländische Episkopat allen Personen die Exkommunikation an-

gedroht habe, die in seinem Jurisdiktionsbereich den Nationalsozialismus unterstützten. Die Leser der ›Ketteler-Wacht‹ benötigten keine Interpretationshilfe.

V.

Angesichts solch kaum verhohlener Ablehnung, die auch darin zum Ausdruck kam, daß Groß nie ein Foto Hitlers oder eines führenden nationalsozialistischen Politikers veröffentlichte, mußte es überraschen, daß das Regime bis 1938 wartete, um gegen die ›Ketteler-Wacht‹ vorzugehen. Für Nikolaus Groß wurde es ein schicksalhaftes Jahr. Schon während einer Italienreise mit Hauptziel Rom, die er 1936 mit seiner Frau Elisabeth unternommen hatte, war die deutliche Verschlimmerung einer bereits früher diagnostizierten schweren Magenerkrankung aufgetreten. Anfang 1937 mußte er sich einer Operation unterziehen. Wenige Monate später begannen die Aktionen gegen die ›Ketteler-Wacht‹.
Wegen eines Artikels, in dem der nationalsozialistischen Deutschen Glaubensbewegung völlige Intoleranz und »Selbstvergottung« vorgeworfen wurde, erhielt Groß durch das Propagandaministerium im Oktober 1937 einen scharfen Verweis. Im Frühjahr 1938 folgte ein unbefristetes Verbot der ›Ketteler-Wacht‹, weil in einem Artikel, der die Überschrift »Weltanschauung und Leben« trug, der nationalsozialistische Anspruch auf Erfassung aller Lebensbereiche abgelehnt und damit »die öffentliche Ruhe und Ordnung« gestört worden war. Der inkriminierte Artikel stammte nicht von Nikolaus Groß, sondern von Heinrich Holzapfel, einem jungen Mitarbeiter aus dem akademischen Sympathisantenkreis der katholischen Arbeitervereine, der den Bestimmungen der Reichspressekammer entsprechend nicht publizieren durfte. Groß übernahm als Schriftleiter die Verantwortung für den Aufsatz. Monatelang bemühte er sich gemeinsam mit Otto

Müller und auch mit Unterstützung des Kölner Erzbischofs Joseph Kardinal Schulte vergeblich um die Freigabe des Organs. Schließlich wurde das Blatt im August 1938 wieder zugelassen – ein so überraschender Vorgang, daß ein früherer Mitarbeiter der Reichspressekammer von einem »Wunder« sprach.
Groß nahm die Arbeit mit der gebotenen Vorsicht wieder auf, aber das Regime fand bald einen neuen Vorwand, um die ›Ketteler-Wacht‹ zu vernichten. Die Maßnahme, die im November 1938 getroffen wurde, war endgültig. Entgegen einer Anordnung der Reichspressekammer und ernsten Mahnungen der Schriftleitung hatte ein Arbeiterverein in Düsseldorf-Oberbilk einigen Exemplaren der ›Ketteler-Wacht‹ die Einladung zu einem Vereinsvortrag über den Eucharistischen Weltkongreß in Budapest beigefügt, an dem deutsche Katholiken nicht hatten teilnehmen dürfen. Betroffen waren etwa dreißig der zu diesem Zeitpunkt aufgelegten 81 000 Exemplare. Alle Bemühungen, die Verbotsverfügung aufzuheben, blieben erfolglos. Nikolaus Groß versuchte, den Verlust der Zeitung durch verstärkte Publikation von Kleinschriften zu kompensieren, die er zum Teil auch selbst schrieb. Zwar konnte diese Reihe, die über zwanzig Titel umfaßte und eine Gesamtauflage von etwa einer Million erreichte, weder aktuell sein noch die ›Ketteler-Wacht‹ als gleichwertiges Bindeglied zwischen den Vereinen ersetzen, aber angesichts einer nationalsozialistisch gleichgeschalteten Presse war jede Publikation von Bedeutung, die christliche Grundwerte vermittelte. Als das Regime 1941 die Papierzuteilung sperrte, mußte auch die Kleinschriftenreihe eingestellt werden.
Nach dem Verbot der ›Ketteler-Wacht‹ arbeitete Nikolaus Groß intensiv auf dem Gebiet der Männerseelsorge, die innerhalb des Verbandes bisher vor allem von Otto Müller und Joseph Joos betreut wurde. Die Männerseelsorge hatte für die KAB besondere Bedeutung gewonnen, seit

ihre ursprünglichen Aufgaben durch die Machthaber immer stärker beschnitten und die operativen Möglichkeiten massiv eingeschränkt worden waren. Die männerseelsorgliche Arbeit betonte zudem die innerkirchliche Bedeutung der katholischen Arbeitervereine. Dies war um so wichtiger, als sie sich von manchen Bischöfen nur unzureichend unterstützt sahen.
Der Fuldaer Koadjutor Johannes Baptista Dietz zeigte sich den Vorstellungen von Joos und Groß besonders aufgeschlossen. Mit maßgeblicher Beteiligung der Verbandsführung der katholischen Arbeitervereine richtete er in Fulda eine männerseelsorgliche Hauptarbeitsstätte ein. In den nächsten Jahren fanden dort mehrere große Tagungen statt, die auch für den aktiven Widerstand gegen Hitler eine Rolle spielten: Unter dem Deckmantel seelsorglicher Betreuung trafen dort Persönlichkeiten des deutschen Widerstandes zusammen. Zu den regelmäßigen Teilnehmern des Fuldaer Kreises gehörte Pater Alfred Delp SJ, eines der führenden Mitglieder des Kreisauer Kreises.
Die Kontakte zu Widerstandskreisen waren eine Folgerung aus der konsequenten Ablehnung des Nationalsozialismus, die das Denken und Handeln der Verbandsführung vor wie nach 1933 bestimmte. Dies trifft für Bernhard Letterhaus ebenso zu wie für Otto Müller und Nikolaus Groß. Schon Ende der dreißiger Jahre kam man mit oppositionellen Gruppen des deutschen Militärs in Verbindung.
Nach Ausbruch des Zweiten Weltkrieges konnten aus dem engeren Führungskreis der Katholischen Arbeiterbewegung nur noch Otto Müller und Nikolaus Groß, der aus gesundheitlichen Gründen vom Kriegsdienst befreit war, für den Verband weiterarbeiten. Bernhard Letterhaus wurde zur Wehrmacht einberufen, Joseph Joos Anfang 1940 festgenommen und später in das Konzentrationslager Dachau verbracht, wo er bis zum Kriegsende inhaftiert blieb. Die Verbandsarbeit lastete damit im wesentlichen

auf Groß, der bald Gestapo-Verhöre und Hausdurchsuchungen über sich ergehen lassen mußte.
Völlig neu war diese Erfahrung für ihn nicht: Schon bald nach der Machtergreifung hatte das Regime ein Treffen der Diözesanpräsides und Diözesansekretäre der katholischen Arbeitervereine in Königswinter mit Verhören und Leibesvisitationen heimgesucht, und Gestapo-Kontrollen bei öffentlichen Veranstaltungen, die Nikolaus Groß in großer Zahl bei den Arbeitervereinen bestritt, blieben natürlich nicht verborgen. Die Auseinandersetzung mit den Nationalsozialisten erfaßte aber auch den ganz privaten Bereich: Schriftlich beschwerte sich Nikolaus Groß bei einem Lehrer seiner Tochter Elisabeth, der das Mädchen vor der Klasse angegriffen und unter anderem mit dem antisemitischen Schimpfwort »Hebräergeschmeiß« tituliert hatte. Elisabeth Groß gehörte nämlich nicht dem Bund Deutscher Mädel (BDM) an und belegte damit die politische Unzuverlässigkeit ihrer Familie.
Trotz aller Zeiterschwernisse versuchte Nikolaus Groß nach Kriegsbeginn die organisatorischen Verbandsaufgaben in der Katholischen Arbeiterbewegung zu bewältigen und den Zusammenhalt der Vereine sicherzustellen. Die jahrelangen Nachstellungen waren für den westdeutschen Verband freilich nicht ohne spürbare Folgen geblieben: 1940 zählte man noch etwas mehr als ein Viertel der ursprünglich 190 000 Mitglieder. Regionale Verbote der Arbeitervereine hatten entscheidend zu diesem Verlust beigetragen. Trotz aller Schwierigkeiten ging das Vereinsleben aber vielerorts weiter, und so konnte Groß im Februar 1942 noch einmal von einer »fruchtbaren« Tagung der Präsides berichten.
Seine Sorge um die Kirche in einer Zeit äußerster geistiger und politischer Bedrohung mag ihn veranlaßt haben, an das schwierige Projekt einer Glaubenslehre heranzugehen. Hatte er in früheren Kleinschriften in erster Linie bildungspädagogisch und religiös-erzieherisch wirken

wollen, so begab er sich als tiefgläubiger Mensch, aber theologischer Laie mit seiner ›Glaubenslehre‹ auf ein neues Feld. Das umfangreiche Manuskript, erstellt im Laufe des Jahres 1943 und bis auf ein fehlendes Kapitel abgeschlossen, wurde von der zuständigen kirchlichen Stelle als Werk für Religionslehrer und den »Selbstunterricht« vorgeschlagen. Es konnte jedoch nicht mehr publiziert werden.
Im Herbst 1943 erreichte die Familie die Nachricht, daß der älteste Sohn Klaus als Soldat an der Ostfront seit dem 5. September vermißt wurde. Bernhard Letterhaus, zu dieser Zeit Hauptmann im Oberkommando der Wehrmacht in Berlin, konnte in Erfahrung bringen, daß die Einheit, der Klaus Groß angehörte, nicht aufgerieben, sondern zum großen Teil in Gefangenschaft geraten war. Somit bestand die Hoffnung, daß der Sohn noch lebte.

VI.

Schon in der Vorkriegszeit hatten im Kölner Kettelerhaus Gespräche über die künftige gesellschaftliche und staatliche Ordnung Deutschlands begonnen, als die Führung der katholischen Arbeitervereine ihre ursprüngliche Einschätzung revidieren mußte, das nationalsozialistische Regime werde aufgrund innerer Schwierigkeiten oder alliierter Interventionen nach kurzer Zeit zusammenbrechen. Wie Gestapo und Sicherheitsdienst der SS im Spätsommer 1944 ermittelten, gehörte zu dem Kölner Kreis um die Verbandsspitze der Arbeitervereine eine Reihe weiterer Persönlichkeiten, so die christlichen Gewerkschaftsführer Johannes Albers und Heinrich Körner sowie Wilhelm Elfes; auch Carl Goerdeler und Pater Alfred Delp SJ nahmen an Gesprächen teil. Groß hielt die Überlegungen, was nach der deutschen Niederlage oder der Beseitigung Hitlers zu geschehen habe, in zwei Notizen unter den Stichworten »Die großen Aufgaben« und »Ist Deutschland verloren?« fest. Diese Texte fielen später der Gestapo in die Hände und trugen zu seiner Verurteilung bei. Sie sind nicht erhalten, wahrscheinlich mit den Prozeßunterlagen verlorengegangen.

Die Kontakte des Kölner Kreises zu Goerdeler und anderen Persönlichkeiten und Zentren des Widerstandes waren über Bernhard Letterhaus zustande gekommen, dessen Berliner Funktion dabei eine wichtige Rolle spielte. Die weltanschaulich-politische Übereinstimmung und die persönliche Freundschaft mit Letterhaus führten dazu, daß Nikolaus Groß immer stärker in die Widerstandsaktivitäten einbezogen wurde. Verschiedentlich leistete er Kurierdienste für Goerdeler und Jakob Kaiser, der noch zu Zeiten der Weimarer Republik eine besonders enge Beziehung zu dem Kreis um Otto Müller gefunden hatte. Für Ende Oktober 1943 ist eine Reise von Groß nach Berlin belegt, wo er sich mit Goerdeler und Kaiser traf. Auch Reisen zu den verschiedenen Arbeitervereinen konnte Groß als Tarnung für seine Kuriertätigkeit nutzen. Von den Umsturzplänen gegen Hitler wußte er seit Ende 1942. Wie aus einem erhaltenen Vernehmungsprotokoll vom 12. September 1944 hervorgeht, sei Groß »insbesondere von Kaiser über die Absicht der Gruppe Beck – Goerdeler – Leuschner und über die Deutsche Einheitsgewerkschaft eingehend unterrichtet und vielfach in Personalfragen von Kaiser um Rat gefragt« worden.

Drei Wochen nach dem gescheiterten Attentat vom 20. Juli 1944 erfuhr Groß aus einer nicht sicher feststehenden Quelle, daß Bernhard Letterhaus verhaftet worden war. Möglicherweise wurde er von Theodor Hüpgens informiert, einem langjährigen Berliner Freund. Nikolaus Groß mußte klar sein, was dies auch für ihn selbst bedeutete, er begab sich aber sofort an den Evakuierungsort der befreundeten Familie in den Hunsrück und unterrichtete Frau Letterhaus. Es ist möglich, daß ihm diese Reise zum Verhängnis wurde. Am darauffolgenden Tag, dem 12. Au-

gust 1944, nahm ihn die Gestapo vor den Augen seiner Töchter Berny, Marianne und der noch nicht fünfjährigen Leni fest. Ihre verständnislos-ängstlichen Worte: »Vater, wohin gehst du?« prägten seine Erinnerung an den Abschied.
Unbemerkt von den Gestapo-Beamten gelang es ihm noch, sein Notizbuch unter einer Bettdecke zu verstecken. Die Tochter Berny trug unter Samstag, dem 12. August 1944, in diesen Kalender ein: »Vater geholt 1 ½ Uhr Mittag.«
Die Kinder konnten am Wochenende nichts über den Verbleib des Vaters in Erfahrung bringen, und ebenso erfolglos blieb ein Versuch des mit der Familie befreundeten Kölner Geistlichen Hans Valks. Frau Groß, die erst am Sonntagabend von einer Reise heimkehrte, erfuhr am Montag, ihr Mann sei nach Frankfurt gebracht worden. Dortige Nachforschungen führten nicht weiter. Die Annahme, Nikolaus Groß werde in Berlin festgehalten, erwies sich für diesen Zeitpunkt als unzutreffend.
Tatsächlich war er – wie zuvor schon sein Freund Bernhard Letterhaus und viele andere Opfer des 20. Juli 1944 – in die Sicherheitspolizeischule Drögen bei Fürstenberg in Mecklenburg gebracht worden, eine Außenstelle des Konzentrationslagers Ravensbrück. Dort führte ein Sonderkommando innerhalb der Sonderkommission 20. Juli, das von dem wegen seiner Brutalität berüchtigten Kriminalrat Leo Lange geleitet wurde, Verhöre durch. Folterungen waren das wie selbstverständlich angewandte Mittel, Geständnisse der Verschwörer zu erpressen. Die entsprechend zustande gekommenen Aussagen von Nikolaus Groß wurden unter dem 12. September 1944 an Reichsleiter Bormann übermittelt.
Aus Fürstenberg konnte Nikolaus Groß am 3. September 1944 erstmals nach seiner Verhaftung an die Familie schreiben; den ersten Brief seiner Frau erhielt er am 9. September. Drei Wochen später, am 30. September, seinem

46. Geburtstag, schrieb er aus der Haftanstalt Berlin-Tegel, wohin er inzwischen verlegt worden war. Wenige Tage darauf, am 12. Oktober 1944, starb im dortigen Gefängnislazarett Prälat Otto Müller, dessen Verhaftung – sie erfolgte nach dem 18. September – die Gestapo aus den von Nikolaus Groß erpreßten Geständnissen abgeleitet hatte.

Wann Nikolaus Groß vom Tode Otto Müllers wie auch dem Schicksal seines Freundes Bernhard Letterhaus erfuhr, der am 14. November in Berlin-Plötzensee hingerichtet worden war, ist nicht sicher. Es spricht dafür, daß dies durch einen Brief von Hans Valks geschah, der unter dem 12. Dezember verschlüsselt mitteilte: »Über uns wachen zwei, die Gott rief.«

Inzwischen hatte Nikolaus Groß am 3. Dezember den Besuch seiner Frau Elisabeth und der Tochter Berny erhalten. Die beiden hatten die kaum vorstellbaren kriegsbedingten Reiseschwierigkeiten überwunden und kündigten ihren Besuch in einem Kassiber an. Überbringerin war vermutlich Marianne Hapig, eine Berliner Fürsorgerin, die sich nach dem 20. Juli unter Lebensgefahr für die Verhafteten und ihre Angehörigen einsetzte. Eine zweite Sprecherlaubnis erhielt sie nicht, und in einem Gespräch mit dem Pflichtverteidiger konnte Elisabeth Groß keine inhaltlichen Aufschlüsse für das bevorstehende Verfahren gewinnen. Konfrontiert mit seiner Honorarforderung, kehrte Elisabeth Groß am 8. Dezember nach Niederwenigern zurück; dorthin war sie mit einem Teil der Familie ausgewichen, um den fortgesetzten Bombenangriffen auf Köln zu entgehen.

Am 1. Januar 1945 erhielt Elisabeth Groß einen alarmierenden Anruf des Paderborner Domvikars und Diözesanpräses der katholischen Arbeitervereine, Caspar Schulte, der ihr dringend nahelegte, erneut nach Berlin zu reisen. Sie brach sofort auf und machte bei Schulte Zwischenstation. Dieser, der selbst im Widerstand tätig war, suchte sie

auf die schlimmsten Konsequenzen vorzubereiten und formulierte ein Gnadengesuch für Nikolaus Groß.
Als sie am 6. Januar 1945 ihren Mann in Berlin-Tegel sprechen wollte, ergab eine glückliche Fügung, daß sie, entgegen den Bestimmungen, unter vier Augen bleiben konnten: Nikolaus Groß rechnete mit einer langjährigen, vielleicht lebenslänglichen Zuchthausstrafe, hoffte aber aufgrund des unaufhaltsamen Vormarsches der sowjetischen Truppen, die bereits die Ostgrenze des Deutschen Reiches überschritten hatten, bald wieder in Freiheit zu sein.
Die Hauptverhandlung gegen ihn, die schon für einen Termin im Dezember 1944, dann für den 8. Januar 1945 angesetzt worden war, wurde kurzfristig abgesetzt und erneut verschoben. Die Hoffnung auf einen längeren Zeitgewinn erfüllte sich indes nicht. Bei einem weiteren, für Nikolaus Groß völlig überraschenden Besuch, den ihm seine Frau am 13. Januar im Gefängnis machen konnte, teilte er ihr mit, daß die Verhandlung am übernächsten Tag stattfinden werde.
Am 15. Januar 1945 stand Nikolaus Groß vor dem Volksgerichtshof unter Roland Freisler, dem er im Juni 1932 in der WAZ ahnungslos und doch prophetisch attestiert hatte, dieser berechtige »zu den schönsten Hoffnungen. Kommunist, Marxist, Novemberling, Untermensch, Sowjetkommissar gewesen, dann Nazi, Antimarxist, Mitglied der deutschen ›Freiheitsbewegung‹, Nazi-M. D. L. geworden – was mag sonst noch alles aus ihm werden?«
Nikolaus Groß wurde zum Tode verurteilt. In einem an Reichsleiter Martin Bormann gerichteten Prozeßbericht, der als nationalsozialistische Quelle einer besonderen Interpretation bedarf, heißt es, Groß sei »genau über Einzelheiten des Goerdeler-Verrates« unterrichtet gewesen und habe im Februar 1944 an einer Zusammenkunft Goerdelers mit Jakob Kaiser und Otto Müller teilgenommen: »Groß gab seine Tat offen zu, behauptete allerdings, als Nichtakademiker sich über deren Tragweite nicht klarge-

worden zu sein. Doch konnte ihn das nicht retten. ›Er schwamm mit im Verrat, muß folglich auch darin ertrinken‹ (Freisler). Bescheiden im Wesen, bei der Verkündigung des Urteils dem Weinen nahe...«

Frau Groß konnte ihren Mann am 18. Januar, drei Tage nach der Urteilsverkündung, kurz sprechen. Sie hatte ebensowenig wie Nikolaus Groß mit dem Todesurteil gerechnet, und auch Schultes Warnungen hatten ihre Hoffnungen nicht zu beeinträchtigen vermocht. Nun nahm sie den verzweifelten Kampf gegen die Vollstreckung des Urteils auf. Sie richtete ein Gnadengesuch an Justizminister Thierack und bemühte sich, Nuntius Orsenigo für eine sofortige Intervention zu gewinnen. Der Versuch scheiterte, weil der Nuntius verreist war, vielleicht aber auch nur vorgeben ließ, verreist zu sein: Einer seiner Sekretäre lehnte jedenfalls die Annahme eines Gnadengesuchs mit den – in der Sache wohl leider zutreffenden – Worten ab, für die Männer des 20. Juli könne der Nuntius nichts tun. Dennoch läßt das Verhalten des Nuntius und seiner Mitarbeiter schwerwiegende Fragen offen.

Auch die Bemühungen des Kölner Geistlichen Hans Valks, das Leben von Nikolaus Groß zu retten, schlugen fehl. In der Annahme, Groß lebe noch, bat er Erzbischof Frings am 30. Januar 1945 um ein Gnadengesuch. Frings verwies in seinem an Thierack gerichteten Schreiben darauf, daß Groß Vater von sieben Kindern sei, die noch in der Ausbildung stünden, überdies gelte der älteste Sohn an der Ostfront als vermißt. Er kenne Groß, der sich im Kampf gegen den Kommunismus verdient gemacht habe, auch aus seiner Tätigkeit als Arbeitervereins-Präses. Groß sei ein »Mann von überaus großer Gewissenhaftigkeit«.

Das Gnadengesuch kam zu spät. Nikolaus Groß war bereits am Nachmittag des 23. Januar 1945 in Berlin-Plötzensee durch den Strang hingerichtet worden. Sein Grab ist nicht bekannt. Den Opfern des 20. Juli wurde ein Begräbnis verweigert, selbst Todesanzeigen durch die Angehörigen waren untersagt. Die Leichen der hingerichteten Widerstandskämpfer wurden in der Regel verbrannt, ihre Asche verstreut. Es spricht alles dafür, daß dies auch im Falle Nikolaus Groß so war.

Marianne Hapig gab in ihrem »Berliner Tagebuch« eine Schilderung, die auf dem Bericht von Pfarrer Peter Buchholz beruhte, dem Gefängnisgeistlichen von Plötzensee; er hatte Nikolaus Groß auch in der Haft seelsorglich betreuen können: »SS und Gestapo sind wie immer in Scharen erschienen zu dem Schauspiel der Exekution in Plötzensee. Ein Geistlicher darf nicht mit diesen Ausgestoßenen in ihrer letzten Stunde sprechen. Er darf sie auch nicht einmal stumm zum Galgen begleiten. Pfarrer Buchholz aber hat seine Getreuen. Er ist rechtzeitig benachrichtigt worden. Schnell ist er herbeigeeilt, verbirgt sich, wie schon manches Mal, in einem ihm gut bekannten Winkel und sieht die traurige Prozession der Todesopfer. Aufrecht und ruhig schreiten sie zum Galgen. Jeden einzelnen segnet Pfarrer Buchholz. Nikolaus Groß neigt beim Segen still das Haupt. Sein Gesicht scheint schon erleuchtet von der Herrlichkeit, in die er einzugehen sich anschickt.«

VII.

Nikolaus Groß hatte seinen beruflichen Aufstieg hart erarbeiten müssen. Trotz der großen Anstrengungen, die sein Beruf – zumal in der Kriegszeit – forderte, fand er die Kraft zu umfassender Weiterbildung. Seine Artikel in der ›Westdeutschen Arbeiter-Zeitung‹ beziehungsweise der ›Ketteler-Wacht‹ und die Kleinschriften zeigen, daß er sich nicht auf ein unmittelbar anwendbares funktionales oder gar nur schablonenhaftes Wissen beschränkte, sondern daß er eine unter den gegebenen Bedingungen ungewöhnlich breite Allgemeinbildung erwarb. Es würde in die Irre führen, aus seinem Bildungsstreben auf Ehrgeiz zu schließen. Groß hat nie ein Amt oder eine Funktion angestrebt, um damit persönliche Publizität zu erzielen oder »Karriere« zu machen. Er ist auch zu keiner Zeit Gefahr gelaufen, lediglich Funktionär einer Organisation zu sein – er verstand sich vielmehr, dankbar für die von ihm stetig genutzten Möglichkeiten der Weiterbildung, als Mitarbeiter und Mitstreiter einer spezifisch katholischen Bewegung, deren Ziel die soziale, kulturelle und politische Emanzipation der Arbeiter war. In diesem Bemühen folgte er seinem väterlichen Vorbild Otto Müller.

Haltung und Zielsetzung von Nikolaus Groß sind nicht allein aus den materiellen Bedingungen erklärbar, unter denen sein erster Lebensabschnitt verlief. Sicher pflegte er, geprägt durch Kindheit und Jugend, einen anspruchslosen Lebensstil, den er auch seiner großen Familie in liebevoller Weise weiterzuvermitteln suchte. Die Schrift »Sieben um einen Tisch«, in der er das Leben der Familie schilderte und durch die er als christlicher Erzieher wirken wollte, gibt davon beredt Zeugnis. Sie zeigt aber auch den Ausgangspunkt und die Grundlage seiner Lebenshaltung: einen unerschütterlichen Glauben, tiefe Religiosität und Liebe zur Kirche, die ihn freilich nicht blind machte für die Fehler der ihr dienenden Menschen.

Aus den Briefen, die er nach seiner Verhaftung schrieb und die hier erstmals im Zusammenhang veröffentlicht werden, spricht demütige Ergebenheit in ein von Gott zugelassenes Schicksal, zugleich die Hoffnung, daß sich sein Schicksal zum Guten wende möge. Die Erkenntnis, daß ihm das letzte Opfer abverlangt werde, ließ ihn – obwohl sicher nicht von Unruhe und Angst verschont – nicht verzweifeln; er nahm es bewußt an.

In seinem Abschiedsbrief an die Familie, den er zwei Tage vor der Hinrichtung schrieb, kommen Gottergebenheit, gläubige Zuversicht und Dankbarkeit zum Ausdruck: »Mit inniger Liebe und tiefer Dankbarkeit denke ich an Euch zurück. Wie gut ist doch Gott und wie reich hat er mein Leben gemacht. Er gab mir seine Liebe und Gnade, und er gab mir eine herzensliebe Frau und gute Kinder. Bin ich ihm und Euch dafür nicht lebenslangen Dank schuldig?...Wenn Gott es so will, daß ich nicht mehr bei Euch sein soll, dann hat er auch für Euch eine Hilfe bereit, die ohne mich wirkt. Gott verläßt keinen, der ihm treu ist, und er wird auch Euch nicht verlassen, wenn Ihr Euch an ihn haltet... so menschlich schwer und schmerzlich mein frühes Scheiden auch sein mag – Gott hat mir damit gewiß eine große Gnade erwiesen. Darum weinet nicht und habt auch keine Trauer, betet für mich und danket Gott, der mich in Liebe gerufen und heimgeholt hat.«

Brief vom 3. 9. 1944

Nikolaus Groß wurde am 12. August 1944 verhaftet. Aus der Sicherheitspolizeischule Drögen bei Fürstenberg/ Mecklenburg konnte er am 3. September 1944 den ersten Brief schreiben. Die Familie war bis dahin ohne sichere Nachricht über seinen Verbleib.

Die Gedanken des Inhaftierten sind ganz auf die Angehörigen gerichtet: den Sohn Klaus, die Tochter Marianne, die Jüngste, Leni, die ihren fünften Geburtstag begeht, die Töchter Elisabeth und Berny sowie ihren Jugendfreund Michael, die Söhne Alex und Bernhard.

Im Mittelpunkt des Briefes aber steht seine Ehefrau, die er – in dem damals verbreiteten Sprachgebrauch – ›Mutter‹ oder ›Mutti‹ nennt, seltener mit ihrem Vornamen ›Lisbeth‹ (eigentlich Elisabeth) anspricht. Sie trägt nach seiner Verhaftung die alleinige Verantwortung für die große Familie, das Zentrum seines diesseitigen Denkens.

Wie in vielen folgenden Briefen spricht Nikolaus Groß auch von Freunden und Bekannten, meist aus den katholischen Arbeitervereinen. Hier wird mit Bernhard Exeler ein KAB-Freund aus Rheine/Westfalen erwähnt, den es kriegsbedingt nach Köln verschlagen hatte.

Gott schickt uns nicht mehr, als wir tragen können. Darum immer getrost und starken Mutes.

Fürstenberg, d. 3.9.44

Liebste Mutti!
Ihr lieben Kinder alle!

Ich bin von Herzen froh und glücklich, daß ich Euch allen liebe und herzliche Grüße schicken kann. Meinen Aufenthalt und meine Anschrift ersehr Ihr aus der Absenderadresse. Es geht mir gut und ich bitte Euch sehr, Euch meinetwegen keine großen Sorgen zu machen. Es wäre das wirklich nicht angebracht. Doch wollen wir uns gegenseitig immer im Gebet behalten. Ich tue das täglich und viel für Euch, für jeden; tut es auch für mich. Vergeßt Klaus nicht, besonders am 6. Sept., dem Tage, an dem er im vorigen Jahre in Rußland vermißt wurde. An Mariannens Namenstag am 12. und an Lenis Geburtstag am 29. Sept. denke ich. Ist bei Euch noch alles wohlauf? Ihr dürft mir auf jeden Brief antworten. In Pakete aber bitte keine schriftlichen Mitteilungen einlegen. In der nächsten Woche hoffe ich Euch erneut schreiben zu können: 2 mal in der Woche, zum Dienstag und Freitag.
Hat Marianne auf dem Carlswerk angefangen und hat Elisabeth ihr Pflichtjahr begonnen? Wie geht es Berny und Michael? Was machen Alex, Bernhard und Leni? Ist Leni noch zu Hause oder bei der Tante in Kupferdreh? Vor allem Deiner, liebste Mutter, gedenke ich stündlich in tiefer Liebe. Ich werde nie aufhören, in innigster Liebe und Dankbarkeit an Dich zu denken. Die Tage sind hart, liebe

Nikolaus Groß mit Ehefrau Elisabeth, geb. Koch

Mutter, besonders für Dich. Aber trage sie tapfer; Gott schickt uns nicht mehr, als wir tragen können. Darum immer getrost und starken Mutes.

Ihr könnt mir auch Lebensmittel schicken. Aber bitte nicht viel, die Kost hier ist ungewohnt, aber ausreichend. Schickt mir vor allen Dingen vorerst: Rasierzeug, Seife und Paste, Kamm und Spiegel, Zahnbürste, Waschseife, Strümpfe, Taschentücher, Unterwäsche und Sporthemden. Vorweg schickt schon Briefpapier, Marken und einen Tintenstift. Auch einige Fotos von Euch. Über Zahl und Umfang der Pakete gibt es keine Einschränkung. Ich schreibe dies lediglich zu Eurer Orientierung, nicht, damit Ihr mir viel schicken sollt.

Nun noch einmal für alle und jeden herzliche Grüße; für Dich, liebste Mutter, für Berny, Marianne, Elisabeth, Alexander, Bernhard und Leni und alle guten Freunde, besonders Bernhard Exeler,

Euer Vater.

Schickt aber sofort Briefpapier und Marken.

Brief vom 5. bis 7.9.1944

Nikolaus Groß darf wöchentlich zwei Briefe aus der Haft schreiben; diese »Freude«, mit der Familie in Verbindung zu sein, will er sich »einteilen« und schreibt einen über drei Tage verteilten Brief. So wie er früher als Schriftleiter der Westdeutschen Arbeiter-Zeitung/Ketteler-Wacht vieles zwischen den Zeilen mitgeteilt hatte, so mahnt er jetzt die Familie, in Briefen an ihn nicht seinen Fall oder irgendwelche problematischen Themen anzusprechen.

Im Zentrum seiner Gedanken steht die Familie, im besonderen der vermißte Sohn Klaus. Selbst angesichts einer ungewissen Zukunft, weit weg von der Heimat, ist er besorgt, daß alles zu Hause den gewohnten und rechten Gang geht: Er mahnt, Herrn Commertz, dem Buchhalter der Verbandszentrale Kettelerhaus/Köln, einen Betrag zu erstatten, den er im Zusammenhang mit dem KAB-Büro Düsseldorf-Holthausen noch »schuldig« sei. An Nikolaus Groß gerichtete Post muß geleitet werden über Kriminalrat Leo Lange, der ein berüchtigtes Sonderkommando innerhalb der Sonderkommission 20. Juli leitete.

Ich will schon heute den Brief beginnen, den ich morgen und übermorgen fortsetzen will. Man muß sich die Freude gut einteilen.

6.9.44
Heute ist der Tag, an dem vor einem Jahre unser Klaus verloren ging. Wie mich dieser Gedanke beschäftigt. Im Geiste war ich heute früh um 7 Uhr mit Euch in der Messe, stand mit Euch in der gleichen Gemeinschaft, um für unsern vermißten Jungen zu beten. Möge es Euch wie ein kleiner Funken stillen Glückes und starken Trostes ins Herz gefallen sein, daß wir in dieser Stunde verbunden waren, wie je zuvor. Ich habe viel Zeit für das Gebet und ich lasse sie nicht ungenutzt. Bleibe auch Du mit den Kindern immer bei mir.

Fürstenberg, den 5.9.44

Liebe Mutter!
Ihr lieben Kinder alle!

Ich will schon heute den Brief beginnen, den ich morgen und übermorgen fortsetzen will. Man muß sich die Freude gut einteilen. Meinen ersten Brief werdet Ihr in Händen haben, wenn dieser zweite eintrifft. Ich hoffe, daß er Euch Freude gemacht hat. Wie Ihr, so warte ich mit Sehnsucht auf Nachricht. Es kann bei Euch in der Zeit meiner Abwesenheit viel vorgegangen sein. Daran bin ich mit dem Herzen beteiligt. Darum hoffe ich auch auf Eure fleißige und ausführliche Nachricht. Ich brauche Euch nicht zu sagen, daß andere Fragen und Angelegenheiten als die unseres persönlichen und familiären Lebenskreises in unseren Briefen nichts zu suchen haben. Ihr seid es, die mich interessieren. Darum möchte ich von Euch hören. Natürlich habe ich auch Wünsche und Bitten. Es fehlt mir ja so ziemlich alles, was ein Kulturmensch braucht, weil ich nichts mitgenommen hatte. Nicht einmal Rasierzeug. Und ein Wochenbart ist eine unangenehme Sache. Aber die Wünsche kommen zum Schluß.

6. 9. 44

Heute ist der Tag, an dem vor einem Jahre unser Klaus verloren ging. Wie mich dieser Gedanke beschäftigt. Im Geiste war ich heute früh um 7 Uhr mit Euch in der Messe, stand mit Euch in der gleichen Gemeinschaft, um für unsern vermißten Jungen zu beten. Möge es Euch wie ein kleiner Funken stillen Glückes und starken Trostes ins Herz gefallen sein, daß wir in dieser Stunde verbunden waren, wie je zuvor. Tiefen Schmerz macht es mir, wie vor allen Dingen Du, liebe Mutter, die Prüfung dieses Tages bestehen mußt, nunmehr eine doppelte, die um den Klaus und die um mich. Aber ich helfe Dir, liebe Mutter. Ich habe viel Zeit für das Gebet und ich lasse sie nicht ungenutzt. Bleibe auch Du mit den Kindern immer bei mir.

7. 9. 44

Ich bin dem Herrn Commertz noch 20.– Mark für Holthausen schuldig. Ich konnte die Angelegenheit vor meinem Fortgang nicht mehr erledigen. Gebt ihm bitte die 20.– Mark. Wenn Ihr mir noch einige Sachen schicken könnt, dann bitte folgende: einen Hut (nicht den besten,

sondern den alten grünen oder grauen), Schal, Schnürsenkel, Butterdose und -messer, Kleiderbürste, etwas Nähzeug, nur Nähgarn und Nadel, Weste oder Pullover. Ich schreibe das so, weiß aber nicht, wie es mit dem Paketverkehr steht.
Dir, liebe, gute Marianne, zum Namenstag viele, viele Glückwünsche. Möge Dir alles in Erfüllung gehen, was Du Dir erhoffst. Viele Grüße auch an die Kinder, die nicht zu Hause sind: Elisabeth, Alex und Bernhard, vielleicht auch Leni. Vergeßt die Grüße von Vater nicht, wenn Ihr ihnen schreibt. Sie können mir auch schreiben.
Hat es keinen neuen Angriff auf Köln gegeben? Ist bei Euch noch alles heil? Seid Ihr noch alle gesund. Was macht Opa Groß und Opa Koch?
Herzinnigen Gruß, Dir, liebe Mutter!
Grüße für Berny mit ihrem Michael, Marianne, Elisabeth, Alex, Bernhard und Leni.
Bleibt gesund und starken Mutes, wie ich es bin.

              Euer Vater.

Absender:
Nikolaus Groß
z. H. von Herrn Krim. Rat Lange,
(3) Fürstenberg (Mecklenburg)
Sicherheitspolizeischule

Brief vom 11. 9. 1944

Die Familie befindet sich zum Schutz vor den Bombenangriffen auf Köln an verschiedenen Orten bei Verwandten und Freunden: Elisabeth und Leni in Essen-Kupferdreh, die Söhne Alexander und Bernhard in Weingarten-Baienfurth bzw. Herdorf bei Betzdorf/Sieg. Nikolaus Groß läßt deutlich erkennen, wie sehr ihn die Trennung von der Familie schmerzt, und er, der so überaus gütige und fürsorgende Familienvater, will in Zukunft alles noch besser machen. Ihm liegt daran, die Probleme des täglichen Lebens gewissenhaft geregelt zu sehen – selbst im Gefängnis denkt er an die Wintervorsorge mit Kartoffeln, an eine defekte Heizung, daran, daß die Familie seine Honorare aus der schriftstellerischen Tätigkeit erhält: Vom Alsatia-Verlag in Kolmar/Elsaß für Artikel und Kleinschriften, von Herrn Pötz, Gesellschaft für Buchdruckerei und Verlag in Düsseldorf, für die Schrift »Ein Kind ist uns geboren«.
Vor allem aber will er Sorgen über seinen Gesundheitszustand zerstreuen. Schwer magenkrank, war er vom Kriegsdienst befreit worden. Das Bemühen, die angesichts der Situation naheliegenden diesbezüglichen Sorgen der Familie zu beschwichtigen, bleibt durchgängiges Motiv der Briefe.
Das erste und einzige Mal erbittet Nikolaus Groß »vielleicht einige Zigaretten« – der starke Raucher wird in der Folge bewußt ganz auf Zigaretten verzichten, um ein zusätzliches Opfer zu bringen. Selbst die von dem Gefängnisgeistlichen Pfarrer Buchholz angebotenen Zigaretten wird er dankend zurückweisen.

In diesen Wochen ist mir klar geworden, daß wir nicht mehr zu tun vermögen, als Liebe zu säen und Güte auszuteilen. Es ist das Höchste, was wir vermögen.

Fürstenberg, den 11. 9. 44

Herzliebste Mutti!
Ihr lieben Kinder groß und klein!

Ich glaube Euch noch nicht im Besitz meines ersten Briefes, da bekam ich bereits am Samstag, den 9. 9., Eure Antwort vom 6. 9. in die Hand. Welche Freude. Ich kann sie Euch nicht beschreiben. Und abends spät kam noch ein kleines Päckchen mit Pfirsichen aus unserem und sicher auch aus Nachbars Garten. Vielen, vielen Dank, Ihr Lieben alle. Wie reich war ich an diesem Tage schon beschenkt durch Brief und Päckchen. Das will ich Euch nicht vergessen. Ihr wißt, wie sehr ich immer an der Familie gehangen habe. Ja, Ihr wart hier mein ein und alles. Mehr noch bin ich in diesem Monat der Trennung mit Euch zusammengewachsen. Meine Gedanken sind bei Euch bei Tag und Nacht, bei Dir, liebste Frau, und bei den sieben Kindern. Möge uns ein gnädiger Gott wieder zusammenführen. Auch unseren Klaus. Dann will ich für Euch nur noch Liebe und Güte sein. Ich hätte beides noch viel mehr in der Vergangenheit üben sollen. In diesen Wochen ist mir klargeworden, daß wir nicht mehr zu tun vermögen, als Liebe zu säen und Güte auszuteilen. Es ist das Höchste, was wir vermögen. Ich möchte es so gern an Euch tun und immer wieder tun.

Liebste Lisbeth! Ja, so tapfer und mutig habe ich Dich mir vorgestellt in diesen Wochen. So gottvertrauend und unverzagt. So wie Du auch die Last und Sorge der großen Familie still und unverdrossen getragen hast. Habe Dank, vielen herzinnigen Dank, Du Gute, Teure, für alles, was Du mir in langen Jahren gegeben hast und in diesen Stunden gibst. Ich bleibe immer in Deiner Schuld. Aber herzlichen Dank auch an die Kinder. Welcher Gottessegen, solche Kinder zu haben. An Berny denke ich immer. Sie ist ein gutes, tapferes Mädel. Ich grüße sie und ihren Michael. Und die liebe Marianne, auch sie ist nicht vergessen. Am 15.9. beginnt sicher ihre Arbeit beim Carlswerk. Einen herzlichen Gruß nach Kupferdreh an die fröhliche Elisabeth und die kleine Leni (auch an Tante Lenchen). Ich denke an alle und bete für alle. Herzlichen Glückwunsch an Leni zu ihrem 5. Geburtstage am 29. September. Gruß und Dank an den treuen Alex nach Baienfurth. Er soll mich nicht vergessen, und wie er es macht, so ist es recht. Dem braven Bernhard einen Gruß nach Herdorf. Er soll dort bleiben, es ist am besten so. Überhaupt würde ich auf jeden Fall alles so lassen, wie es war und ist. Und Gruß auch an die lieben Freunde und guten Nachbarn. Ich kann nur sagen und bitten: Vergelt es Gott!
Und dann kam gestern nachmittag, am Sonntag, das große Paket und noch Pfirsichpäckchen an. An alles habt Ihr gedacht, für alles gesorgt und geschafft: Wäsche, Rasierzeug, Toilettenartikel, Brot, Honigkuchen, Zwieback, Wurst, Butter, Käse, Ölsardinen, Marmelade, sogar Zigaretten und Karamellen. Auch Magnesia und Briefpapier nicht vergessen. Ich komme mir vor wie ein steinreicher Mann. Alles war gut erhalten. Nur die Marmelade hatte sich »selbständig« machen wollen, aber es war gut gegangen; nur ganz wenig war ausgelaufen und hatte nichts beschmutzt. Der Spiegel war zerbrochen, schickt bitte einen neuen. Wie soll ich Euch danken? Wie es Euch gut machen? Ich kann nur für Euch beten. Und das will ich tun,

so viel und so innig ich es vermag. Tausendfachen, heißen Dank. Aber bitte: für die Zukunft nur Brot (ich kann auch Urlauber- u. Reisemarken gebrauchen) und etwas zum Aufstreichen. Dann bin ich reichlich zufrieden. Also bitte nur Brot und Aufstrich, vielleicht einige Zigaretten. Ihr dürft meinetwegen nicht Not leiden. Schickt keine Butterdose, aber Hut, Schal, Weste, Buttermesser und Schnürsenkel, Fotos.
Mir geht es gut, der Magen hat sich noch nicht bemerkbar gemacht. So bin ich den Umständen nach zufrieden. Habt Ihr Kartoffeln im Keller? Wie steht es mit Kohlen? Commertz soll die Heizung nachsehen lassen: Vorderseite des Kessels ist undicht. Hast Du Honorar von Kolmar bekommen und den Scheck von Pötz eingelöst? Bei wem ist Liesel im Pflichtjahr? Kommst Du auch wegen Geld nicht in Not? Wie steht es mit den Angriffen? Hoffentlich bleibt Ihr verschont. Die Kinder können mir schreiben, ohne daß Deine Post dadurch verkürzt wird. Schreibt bitte bald!
Nun Dir, teuerste, liebste Mutter, von Herzen kommende Grüße. Noch einmal tausend Dank für alle Liebe und Guttat. Jedem Kind einen herzinnigen Gruß. Grüße an alle Freunde und Bekannte, Opa Groß u. Koch. Euch allen Gruß:

            Vater.

Absd.
Nikolaus Groß
p. A. Herrn Krim. Rat Lange
(3) Fürstenberg, Meckl.
Sicherheitspolizeischule
Haus 51

Brief vom 17. und 18. 9. 1944

Die Haftbedingungen sind erschwert worden: Nur noch einmal pro Woche darf Nikolaus Groß schreiben. Der Brief belegt wie viele andere die Bedürfnislosigkeit des Häftlings. Änderungsschneider Trump in Köln soll den alten Mantel in Ordnung bringen. Mit Fräulein Borgemeister wird die einzige Frau erwähnt, die ein KAB-Sekretariat leitet: Nachdem der Düsseldorfer Arbeitersekretär Josef Gockeln zur Wehrmacht einberufen worden war, übernahm sie das dortige Arbeitersekretariat. Dr. Caspar Schulte war KAB-Diözesanpräses in Paderborn.
Der Gedanke an die Familie beschäftigt ihn offensichtlich weit stärker als der an das eigene Schicksal: Seine Sorge um die herzkranke Ehefrau verbindet Nikolaus Groß mit einer in dieser Form wohl kaum zutreffenden Aussage über seinen eigenen Gesundheitszustand, um die Familie zu beruhigen. Immer wieder spricht er die Gefahr der Bombenangriffe auf Köln an, und es beruhigt ihn ein wenig, daß der dort verbliebene Teil der Familie einen von ihm als sicher eingeschätzten Bunker aufsucht. – Die jüngste Tochter Leni war nicht einmal fünf Jahre alt, als Nikolaus Groß am 12. August 1944 in seiner Wohnung festgenommen wurde.

Die Kinder des Ehepaares Groß; von links nach rechts: Alexander (Alex), Marianne, sitzend Helene (Leni), Bernardine (Berny), Elisabeth (Liesel), Nikolaus (Klaus) und Bernhard. Aufnahme von 1942.

Sage den Kindern, daß sie innig und echt beten. Nur wenn unser Gebet aus der Tiefe des Herzens kommt, dringt es bis zu Gott. Gut, vor allen Dingen gut beten! Sage es den Kindern.

Mir steht noch immer brennend das letzte Wort in der Seele: »Vater, wohin gehst Du?« frug mich die kleine Leni, als ich am 12. 8. aus dem Hause ging. Es war das letzte Wort, das ich von einem von Euch hörte. Erinnert wurde ich in meinen Gedanken oft daran, aber ich weiß auch, daß ich dahin gehe, wohin mich der Wille Gottes weist.

Fürstenberg, den 17. 9. 44

Liebe Mutter!
Ihr lieben Kinder!

Für Freitag hatte ich Euch einen Brief geschrieben, konnte ihn aber nicht abschicken. Wir haben nur noch dienstags Posttag. Ihr bekommt also einen Brief in der Woche. Ihr selbst könnt ungehindert schreiben, und ich bekomme alle Post.
Einen zweiten Brief habe ich von Euch noch nicht bekommen. Wohl die Fotos! Sie schmücken nun meine Klause. Welcher Augenblick und welche Erinnerung, mit einem Male alle die lieben, teuren Gesichter und Gestalten vor mir zu sehen. Ich bekam dann noch zwei Pakete mit Wäsche, kl. Kuchen, Zwieback, Röstbrot, Butter, Käse, Wurst und kl. St. Speck. Vielen, vielen Dank und möge ich

es Euch wieder gut machen können. Mit wieviel Liebe und Mühe, gute Lisbeth, hast Du das zusammengetragen, verpackt und mit tausend heißen Wünschen abgeschickt. O, ich spüre es, wie es Dir gut tut, Deiner Liebe so Ausdruck geben zu können, für Deine Liebe etwas tun zu können. Gott möge Dein größter Vergelter sein, ich will ständig darum beten. Aber bitte, schicke nicht so viel. Nur an Brot und Aufstrich liegt es mir. Röstbrot oder Zwieback auch. Aber keine Konserven oder Leckereien.
(von der Zensur fünf bis sechs Zeilen unlesbar gemacht)
Aber – und das kann ich nicht oft und herzlich genug wiederholen, schulde ich Dir, liebste Frau, unnennbaren Dank.
Kannst Du – vielleicht hilft Trump – den alten Mantel etwas reinigen, in Ordnung bringen und schicken? Und noch ein Oberhemd mit 2 Kragen + Polohemden. Schmutzige Wäsche wird hier gewaschen. Ich habe sie schon abgegeben. Schickt mir Alaunstein oder Blutstiller für Rasierzeug. Fragt Frl. Borgemeister, ob mein Füller fertig ist. Wie steht es mit dem Tintenkuli für Dr. Schulte? Habt Ihr die Bezugsscheine für Anzug + Mantel bekommen? Auch für Vater? Hat Commertz Dich ausbezahlt und kannst Du die Pension für Alex, Bernhard, Liesel und Leni tragen? Lasse, wenn eben möglich, auf alle Fälle die Kinder, wo sie sind. Sie sind dort am geschütztesten. Was machen Deine Herzbeschwerden? Halte Dich tapfer. Sage den Kindern, daß sie innig und echt beten. Nur wenn unser Gebet aus der Tiefe des Herzens kommt, dringt es bis zu Gott. Gut, vor allen Dingen gut beten! Sage es den Kindern. Ich wollte jedem geschrieben haben. Für Berny u. Marianne hatte ich schon einen gemeinsamen Brief fertig, aber der eine Posttag in der Woche erlaubt nur einen Brief an alle. Aber Ihr müßt mir viel schreiben.
Mir geht es gesundheitlich gut. Mein Magen ist sehr sanftmütig. Eine Wohltat ist die reine Wäsche. Badegelegenheit gibt es hier in ausreichendem Maße. Jeden Tag 1–2 Mal

Spaziergang. Wenn ich nun die Bücher bekomme, ist auch der innere Mensch versorgt.
Soeben erhielt ich eine große und freudige Sonntagsüberraschung: ein Paket mit Hut, Schal, Weste, Strümpfen, Zwieback, Butter, Birnen. Und Bürste, Schnürsenkel. Nun bin ich gut versorgt, dank Eurer Liebe u. Opfer. Aber bitte: schickt nicht so viel Butter, braucht sie für Euch. Ich kann nicht essen, was Ihr Euch abziehen müßt! Bitte, hört auf mich! Und seid alle von Herzen bedankt.
Das Ausbleiben der Post hat mich in große Unruhe versetzt. Die Angriffe bei Euch werden heftig + häufig sein. Wenn Post ausbleibt, kann es nicht an Euch liegen. Ihr werdet schreiben. Es kann nur sein, daß Angriffe die Beförderung hindern. Hoffentlich treffen Euch die Angriffe nicht. Ihr werdet viel auszuhalten haben. Gott schütze Euch.
Alle Sachen, die Ihr mir geschickt, waren in gutem Zustand, die Butterdose unzerbrochen.

18.9.44

Heute erhielt ich die sehr ersehnte Post: einen Brief der Mutter vom 13.9. und einen Brief von Berny, geschrieben am 6. gestempelt am 14.9. Herzlichen, wahrhaft herzlichen Dank. Auch für die neuen Fotos. Nun habe ich meine Lieben wieder alle um mich versammelt – im Bilde nur, aber beten wir, daß es auch in Wirklichkeit wieder so werde. Mir steht noch immer brennend das letzte Wort in der Seele: »Vater, wohin gehst Du?« frug mich die kleine Leni, als ich am 12.8. aus dem Hause ging. Es war das letzte Wort, das ich von einem von Euch hörte. Erinnert wurde ich in meinen Gedanken oft daran, aber ich weiß auch, daß ich dahin gehe, wohin mich der Wille Gottes weist.
Hab Dank, Du liebe gute Frau, für Deine Worte. Und Dank auch an Berny für ihren Brief. Wohin kommt denn Marianne? Nicht zum Carlswerk? Aber wohin sonst?

Es ist gut, daß Du den Bunker in Zollstock benutzest oder jetzt zu Lenchen fährst. Das gibt mir eine gewisse Ruhe. Ihr kommt in schwere Prüfungen, vielleicht können wir unser Heim doch nicht retten. Aber wenn Ihr nur alle gesund und bewahrt bleibt, dann wollen wir Gott danken. Andere Menschen müssen oder mußten gleiche Kriegsnot überstehen. Bewahrt Euch Euer Vertrauen.
Und nun Grüße an alle Kinder. Berny, Marianne, Elisabeth, Alex, Bernhard und Leni. Klaus ist nicht vergessen. Gruß an alle Freunde und Bekannte, Nachbarn. An Opa Groß und Opa Koch, an Lenchen und meine Geschwister und Michael mit Eltern, Bernh. Exeler.
Ich bin im Geiste immer bei Dir, liebe, gute Lisbeth. Tausend innige Grüße, ein ständiges Gebet für Dich und die Kinder

Dein Vati.

Absd.
Nikolaus Groß,
p. A. Herrn Krim. Rat Lange
(3) Fürstenberg/Mecklenburg
Sicherheitspolizeischule.
Haus 51

Zwei Briefe vom 30.9.1944

An seinem 46. Geburtstag teilt Nikolaus Groß mit, daß er von Fürstenberg in die Haftanstalt Berlin-Tegel verlegt worden sei. Seine Bücher durfte er behalten, und speziell der ›Schott‹, so schreibt er, sei ihm ein »besonderer Trost«. Dieses von dem Benediktiner Anselm Schott (1843–1896) geschaffene und immer wieder neuaufgelegte lateinisch-deutsche Meßbuch war eine wichtige Grundlage der Liturgischen Bewegung, der sich die katholischen Arbeitervereine und Nikolaus Groß sehr verbunden fühlten.
Die Haftbedingungen sind noch härter geworden. So darf er nur noch alle zwei Wochen schreiben. Im Gebet ist er mit der Familie verbunden und mit »dem guten Doktor und Bernhard« – Dr. Otto Müller, Verbandspräses der westdeutschen katholischen Arbeitervereine und väterlicher Freund der Familie, und Bernhard Letterhaus, KAB-Verbandssekretär und engster Mitstreiter von Nikolaus Groß. Beide waren zu diesem Zeitpunkt ebenfalls bereits in Haft.
In seinem Brief an den Sohn Alexander vom gleichen Tag wird der Geistliche Rektor Hans Valks erwähnt, Priester in der St. Agnes-Gemeinde, in der auch die Familie Groß wohnte. Mahnend die Worte, den vermißten Bruder Klaus in das Gebet einzuschließen. In der Familie war verabredet worden, daß im wöchentlichen Wechsel ein Mitglied am Sonntag zweimal die Messe besuchen sollte – sozusagen stellvertretend für Klaus Groß.

Größte Freude ist mir, daß ich Euch heute an meinem 46. Geburtstage schreiben darf. Es ist mir das schönste und liebste Geburtstagsgeschenk. Daß ich recht innig auch an den gestrigen Geburtstag unserer kleinen Leni gedacht habe, versteht sich von selbst. Große Freude ist mir aber auch, daß ich meine Bücher behalten darf. Da ist mir der Schott ein besonderer Trost. In ihm lese, aus ihm bete ich den ganzen Tag. Er macht mir den Tag hell und fruchtbar. Durch das Gebet bleibe ich Euch in jeder Stunde nahe. Besonders an meinem heutigen Geburtstage spüre ich die heilsame Kraft des Opfers u. Gebetes.

Nikolaus Groß (1) Berlin-Tegel, 30. 9. 44
Nr. 1499 Seidelstr. 39
4/144 Haus 1

Allerliebste Mutti!
Ihr lieben Kinder alle!

Heute schreibe ich Euch aus Berlin, wohin ich verlegt bin. Meine genaue Anschrift, die auch die Nr. 1499, 4/144 enthalten muß, erseht Ihr aus dem Kopf dieses Briefes. Ihr könnt mir schreiben wie bisher. Darin tritt keine Veränderung ein. Ich möchte gern von Dir, liebe Mutter, eifrig Post. Aber bitte deutliche Anschrift. Auch die Kinder können mir, wie bisher schreiben, vielleicht alle Wochen einen Brief. Verteilt die Post ein wenig, damit ich nicht einen Tag alles, an vielen anderen Tagen nichts habe. Ich selbst kann Euch alle 14 Tage schreiben, also nicht mehr wie bislang alle Wochen. Durch die Briefe bleiben wir in Verbindung.

Dagegen können keine Pakete mehr geschickt werden. Alles, was Ihr mir zum heutigen Geburtstag zugedacht hattet, erreichte mich in Fürstenberg nicht mehr. Nur einen Geburtstagsbrief von Alex habe ich noch bekommen. Diese Post wird nachgeschickt. Briefe, Mantel und Wäsche wird ausgehändigt, ob auch die Lebensmittel, weiß ich nicht. Also schickt keine Pakete mehr. Die Wäsche lasse ich hier reinigen.

Habt keine Sorge, daß ich dem Fortfall der Lebensmittelpakete allzusehr nachtrauere. Das Essen hier gleicht in Menge und Güte einiges aus. Größte Freude ist mir, daß ich Euch heute an meinem 46. Geburtstage schreiben darf. Es ist mir das schönste und liebste Geburtstagsgeschenk. Daß ich recht innig auch an den gestrigen Geburtstag unserer kleinen Leni gedacht habe, versteht sich von selbst. Große Freude ist mir aber auch, daß ich meine Bücher behalten darf. Da ist mir der Schott ein besonderer Trost. In ihm lese, aus ihm bete ich den ganzen Tag. Er macht mir den Tag hell und fruchtbar. Durch das Gebet bleibe ich Euch in jeder Stunde nahe. Keine Zeit des Tages, in der ich nicht für Euch und mit Euch und dem guten Doktor und Bernhard betete. Darin wollen wir gegenseitig nicht nachlassen. Besonders an meinem heutigen Geburtstage spüre ich die heilsame Kraft des Opfers u. Gebetes.

Marianne muß ich noch beglückwünschen und danken für ihr gutes Schulzeugnis. Ich habe mich darüber gefreut. An Alex habe ich heute einen eigenen Brief geschrieben. Was machen Liesel, Leni u. Natz? Was Berny u. Michael? Wie geht es Tante Lenchen? Herzliche Grüße an sie und die Opas! Und an meine Geschwister sowie Deine. Noch einmal, liebe Mutter, herzliche Grüße an alle Kinder: Berny,

Marianne, Elisabeth, Alex, Bernhard, Leni und ein Gedenken für Klaus. Tiefinnigen Gruß, Dank und herzliche Umarmung für Dich, liebste Mutti! Ich bin Dir dankbar für jedes Wort, jeden stillen Gedanken, jedes liebe Gebet. Alles das habe ich auch immer für Dich bereit.
In steter Liebe und Treue

          Dein alter Nikel.

Auf Wiedersehn!

Gesundheitlich geht es mir nach wie vor gut. Mein Magen verhält sich vorbildlich. Er verträgt alles, darüber bin ich froh!
Grüße an Nachbarn und Freunde!
Den Brief mit den erbetenen Reise- oder Urlaubermarken habe ich noch nicht bekommen. Wenn ich die Marken erhalten habe, schicke ich sie zurück, da ich sie unter den neuen Umständen nicht verwenden kann.

Wann ich Dir jetzt wieder schreiben kann, weiß ich nicht. Du mußt also nicht so bald auf Antwort rechnen. Aber deshalb brauchst Du in Deinem Schreiben nicht nachzulassen. Vor allem aber nicht in Deinem Gebete. Es ist das Wichtigste und keinen Tag darfst Du es vergessen, wie ich es Dir gegenüber auch nicht versäume. Bete eifrig und andächtig.

Nikolaus Groß (1) Berlin-Tegel, den 30. 9. 44
Nr. 1499 Seidelstr. 39
4/144 Haus 1

Mein lieber Alex!

Aus meiner neuen Anschrift ersiehst Du, daß ich mich nicht mehr in Fürstenberg aufhalte, sondern nach Berlin verlegt bin. Meine genaue Anschrift ist am Kopf dieses Briefes mitgeteilt. Du kannst schreiben wie bisher, aber schreibe doch nicht jeden 2. oder 3. Tag, das könnte für die Aufsicht zu viel werden. Am besten jede Woche einen guten und ausführlichen Brief. Auch Mutter und die Geschwister dürfen mir wie bisher schreiben. Ich selbst kann alle 14 Tage schreiben, und weil ich heute zwei Briefe schreiben darf, bekommt Mutter einen und Du einen. Wann ich Dir jetzt wieder schreiben kann, weiß ich nicht. Du mußt also nicht so bald auf Antwort rechnen. Aber deshalb brauchst Du in Deinem Schreiben nicht nachzu-

lassen. Vor allem aber nicht in Deinem Gebete. Es ist das Wichtigste und keinen Tag darfst Du es vergessen, wie ich es Dir gegenüber auch nicht versäume. Bete eifrig und andächtig. Danke auch Tante Stärck für ihre Andacht, überhaupt willst Du allen, die Dir dort so viel Gutes tun, meinen herzlichen Dank sagen. Gott möge es ihnen vergelten.
Dein Bild habe ich bekommen, du bist ja beinahe ein junger Herr geworden. Auch Deine Briefe habe ich bekommen. Pakete, wie sie die Mutter bisher nach Fürstenberg schickte, können nach hier nicht geschickt werden.
Mit großem Interesse habe ich von Deinem Kriegs- und Ernteeinsatz gelesen. Ich freue mich, daß es Dir gefallen hat. Wenn Du an die Geschwister oder Rektor Valks schreibst, bestelle bitte herzliche Grüße von mir. Auch an Familie Stärck herzliche Grüße.
Und nun, mein lieber Junge, halte Dich treu und brav. Vergiß unsern vermißten Klaus im Gebet nicht. Denke auch immer an Mutter und Geschwister. Halte uns alle in Deiner Liebe.
Viele Grüße und ein frohgemutes Gedenken

Dein Vater.

Wenn Du schreibst, mußt Du nach dem Namen die Nr. schreiben, also: Nikolaus Groß 1499 4/144 (1) Berlin-Tegel Seidelstr. 39 Haus 1

Die Führung der Katholischen Arbeiterbewegung (KAB); von links nach rechts: Nikolaus Groß, Otto Müller und Bernhard Letterhaus. Aufnahme von ca. 1930.

Brief vom 8.10.1944

Der Oktober ist der traditionelle Rosenkranzmonat in der katholischen Kirche. Nikolaus Groß mahnt das Bittgebet zur »Königin des Rosenkranzes«, der Gottesmutter Maria, in besonderer Weise an.

Er weiß, welche Verantwortung die Ehefrau Elisabeth seit seiner Verhaftung zu tragen hat. Sie ist nun, da er diese Rolle nicht mehr wahrnehmen kann, der »Mittelpunkt« der Gemeinschaft, die für ihn die Familie darstellt.

Mit dem Decknamen Hans Thorr ist Johannes Even gemeint, ein enger Mitarbeiter aus der KAB, der nach dem Krieg Verbandsvorsitzender der westdeutschen Arbeitervereine sowie Mitglied des Deutschen Bundestages war.

Seid fleißig im Gebet. Besonders im Rosenkranzmonat. Die Königin des Rosenkranzes hilft viel. Und es muß viel geholfen werden. Gewiß werdet Ihr manche Kommunion aufgeopfert haben. Ich tue das gleiche für Euch. Nehmen wir uns vor, so das Äußerste füreinander zu tun. Ich bin in der Beziehung auf die Wirkung des Gebetes der festesten und tröstlichsten Zuversicht.

Nikolaus Groß (1) Berlin-Tegel, den 8.10.44
Nr. 1499 Seidelstraße 39
4/144 Haus 1

Allerliebste Mutti!
Ihr lieben, guten Kinder alle!

Eine unerwartete, dafür um so größere Sonntagsfreude ist die Erlaubnis, einen Brief schreiben zu dürfen. Du, liebe Mutter, und die Kinder werden die gleiche Freude haben, einen Brief von mir zu bekommen. Ich selbst bin ohne Post geblieben. Am 27.9. bekam ich in Fürstenberg den letzten Brief, er war von Alex. Seit dieser Zeit blieb ich ohne Nachricht. Weder habe ich von Fürstenberg Pakete noch Briefe nachgeschickt bekommen. Aber das kann nur eine Verzögerung sein, denn ich hatte dort noch Wäsche in der Reinigung, die ebenfalls nachgeschickt werden muß. Das ist auch zugesagt worden, es gilt also nur Geduld zu haben. Den Mantel allerdings hätte ich gern schon hier ge-

habt, ich hätte ihn gut gebrauchen können. Es ist doch merklich kühl, die Heizung noch nicht in Brand und den ganzen Tag ohne Mantel macht kalt. Aber eine gute Decke umgeschlagen hilft schon viel.
Mir geht es den Umständen nach zufriedenstellend. In dieser Woche hatte ich an einem Tage mit dem Magen zu tun – wohl als Folge einer leichten Erkältung – aber beides war am nächsten Tage vergessen und verloren. Hoffentlich wird das Paket mit dem Mantel nicht einfach nach Köln zurückgeschickt; dann müßtet Ihr es mir nach hier neu schicken.
Wie geht es bei Euch? Wie ich gelesen habe, war ein schwerer Angriff auf Köln. Hoffentlich war an diesem Tage niemand von Euch in Köln und ist dabei zu Schaden gekommen. Schreibt mir doch bitte in solchem Falle, wie überhaupt im Falle eines Angriffs wenigstens eine kurze Nachricht. Aber Berny muß doch in Köln gewesen sein, oder ist sie nicht mehr auf dem Carlswerk? Sie soll ihren Michael und seine Eltern grüßen. Wo Marianne beschäftigt ist, bei wem Elisabeth ihr Pflichtjahr ableistet, das werde ich wohl erfahren, wenn die ausstehende Post eintrifft. Auch von Alex und über Bernhard hoffe ich dann zu hören. Ebenso über Klein-Leni und was Du, liebe Mutter, von Dir selbst zu sagen weißt. Ich brenne darauf, dieses alles zu hören und auch einige Fragen beantwortet zu sehen, die ich in früheren Briefen über Honorar, Gehalt usw. stellte. Bitte seid fleißig in der Antwort!
Und seid fleißig im Gebet. Besonders im Rosenkranzmonat. Die Königin des Rosenkranzes hilft viel. Und es muß viel geholfen werden. Gewiß werdet Ihr manche Kommunion aufgeopfert haben. Ich tue das gleiche für Euch. Nehmen wir uns vor, so das Äußerste füreinander zu tun. Ich bin in der Beziehung auf die Wirkung des Gebetes der festesten und tröstlichsten Zuversicht.
Liebste Mutter! Immer wieder muß ich Dir sagen, mit welcher Innigkeit und Liebe ich an Dich denke. Eure Bil-

der, Deine und die der Kinder und das Soldatenbild von Klaus, stehen mir Tag und Nacht vor Augen und grüßen mich. Mit ihnen unterhalte ich mich, mit ihnen zusammen bete ich und es ist, als sei ich in Eurer lieben und mir so teuren Gemeinschaft. Du bist der Mittelpunkt dieser Gemeinschaft, liebe Mutter, und darum bin ich mit meinen Gedanken auch besonders bei Dir.
Grüße alle Kinder von Herzen: Berny, Marianne, Elisabeth, Alex, Bernhard u. Leni. Ein stilles Gedenken für Klaus. Grüße an Lene, meinen und Deinen Vater und Geschwister. Wenn Du nach Köln kommst, Grüße an alle Bekannten und Nachbarn. Besonders herzlichen Gruß für Dich. Inniger Kuß und liebende Umarmung. In der Liebe, die wir gelobt, verbleibe ich Dein stets getreuer

                                                   Nikel.

Kannst Du an das Sparbuch heran? Ist die Sperre aufgehoben? Commertz kann da sicher helfen. Schreibe bitte bald wieder. Wenn Du Geld brauchst, gehe zu Pötz, sage ihm, er möge Dir noch 500,– Mk Honorar geben. Er hat mir ja angeboten, weiteren Vorschuß zu geben in seinem letzten Briefe. Und ich werde ihm mit der alten und der neuen Schrift wohl sicher genug sein für weitere 500,– Mk. Oder schreibe ihm in diesem Sinne, wenn Du nicht hinfahren willst. Von Hans Thorr seiner Frau ist noch das Armband, von Therese Borgemeister die Armbanduhr in der Kassette. Sie sollten in Reparatur, es kam aber nicht mehr dazu. Gebe beide Teile zurück.
Herzlichen Gruß

                                                   Vater.

Zwei Briefe vom 15.10.1944

Elisabeth Groß hat ihrem Mann brieflich mitgeteilt, daß sie einen Bittgang nach Neviges unternehmen möchte. Neviges, heute ein Ortsteil von Velbert/Rheinland, war ein seinerzeit sehr stark besuchter Marienwallfahrtsort (Gnadenbild der Unbefleckten Empfängnis von 1661). – Nikolaus Groß erwähnt seine Schwestern Maria (Bröxkes, geb. Groß) in Köln-Zollstock und Elisabeth, genannt Lisbeth (Simon, geb. Groß), in Dilldorf bei Essen.
Die konkrete Situation der Familie beschäftigt ihn auch zwei Monate nach der Verhaftung deutlich stärker als seine eigene Situation. Er fordert seine Ehefrau auf, sich in einer bestimmten Frage Rat zu holen bei Herrn Emonds, einem Steuerberater aus der Pfarrei St. Agnes.
Am gleichen Tag schreibt Nikolaus Groß auch an seine Tochter Berny. Wieder sind Bombenangriffe Gegenstand besonderer Sorge – eine Gefahr, die alle traf, auch die Regimegegner. Mit den »Bonnern« ist eine befreundete Familie in Bonn gemeint. – Bei seiner Verlegung von Fürstenberg nach Tegel wurden die von der Familie übersandten Brotmarken für die Nationalsozialistische Volkswohlfahrt (NSV) beschlagnahmt.

Du fragst, ob Du mich besuchen könntest. Das ist jetzt noch nicht möglich. Du mußt Dich gedulden. Wenn es soweit ist, schreibe ich Dir. Also Geduld, liebe, gute Mutter, alles gibt sich mit Geduld und Gottvertrauen. Das ist für Dich schwer, aber vielleicht ist es für mich noch schwerer in der Einsamkeit. Es gehört dieses zu dem Kreuz, das wir tragen, zu dem Opfer, das wir bringen müssen.

Nikolaus Groß Berlin-Tegel, den 15. 10. 44
Nr. 1499 Seidelstraße 39
8/326 Haus 1

Allerliebste Mutter,
Ihr lieben, guten Kinder alle!

Kaum war mein letzter (7.) Brief abgegeben, da kam am nächsten Tage die nachgeschickte Post von Fürstenberg, und zwar: Dein Brief, liebe Lisbeth, vom 25.9. und eine Karte von Dir, auf der Du mitteilst, daß Du nach Neviges willst. In dem Briefe waren 8 Zeilen gestrichen; offenbar hast Du meine Sache oder ihre Aussichten berührt. Das ist nicht gestattet. Komme also auf solche Dinge nicht zu sprechen. Außerdem bekam ich einen Brief von Berny, der ich heute nach Bonn antwortete; einen Brief vom 25.9. und eine Karte vom 28.9. von Marianne; 3 Briefe von Liesel vom 25. u. 29.9. und Geburtstagsgruß (ohne Datum);

einen Brief von Alex vom 1. 10., einen Brief von Maria aus Zollstock und von Lisbeth aus Dilldorf. Sage bitte allen, da ich nicht jedem persönlich antworten kann, meinen herzlichen und freudigen Dank. Am 12. 10. kam auch die in die Reinigung gegebene Wäsche von Fürstenberg an. Den Mantel und die Hemden habe ich noch nicht bekommen; aber es wird alles schon kommen. Auch habe ich auf die von hier geschriebenen Briefe noch keine Antwort von Euch und Alex.

Mir geht es noch gut. Mein Magen hält sich tapfer. Darum braucht Ihr also keine Sorge zu haben. Liebe Lisbeth! Du fragst, ob Du mich besuchen könntest. Das ist jetzt noch nicht möglich. Du mußt Dich gedulden. Wenn es soweit ist, schreibe ich Dir. Also Geduld, liebe, gute Mutter, alles gibt sich mit Geduld und Gottvertrauen. Das ist für Dich schwer, aber vielleicht ist es für mich noch schwerer in der Einsamkeit. Es gehört dieses zu dem Kreuz, das wir tragen, zu dem Opfer, das wir bringen müssen. Und denken wir an Klaus, der morgen vor 2 Jahren, am 16. 10. eingezogen wurde und von dem wir nun seit über einem Jahre nichts wissen. Sein Los ist noch schwerer, darum wird uns unseres leichter fallen im Gedenken an ihn. Also Geduld, wenn es soweit ist, schreibe ich. Da ich nicht weiß, wann nächster Posttag ist und wie lange die Zustellung braucht, will ich schon heute zu Deinem und Liesels Namenstag im November von Herzen Glück u. Segen wünschen. Daß meine Wünsche von Herzen kommen, weißt Du. Und daß ich Dich immerfort mit meinem Gebet begleite, brauche ich nicht besonders zu sagen. Gott möge Dir zu Deinem Namenstage alles geben, was Du von ihm erbittest. Und Liesel möge in gleicher Weise beschenkt sein.

Hier verläuft der Tag genau, wie er in Fürstenberg verlief u. eingeteilt war; nur eben daß wir abends nicht um 20 ½, sondern schon um 18 ½ Uhr schlafen gehen, die Verpflegung ist gut und man kann über Schmackhaftigkeit u. Qualität nicht klagen.

Nun noch einige sachliche Mitteilungen: Im November müssen Schulgeld u. Versicherungsbeiträge bezahlt werden. Vergiß es nicht. Habt Ihr nicht soviel von der Kriegsschädenrechnung voll, daß Ihr eine Abrechnung an das Amt geben könnt? Ihr müßt dann den Vorschuß abrechnen und eventl. neuen beantragen. Wieviel Honorar habt Ihr von Kolmar, von der Alsatia bekommen? Die Antwort ist sicher schon unterwegs. An Pötz brauchst Du, liebste Mutter, nicht zu schreiben. Ich werde das selbst tun! Es ist mir viel wert, Euch nicht in materieller Not zu wissen. Und es muß sich machen lassen, daß er Honorar gibt. Ich gebe Kupferdreh als Adresse an. Ist neuer Kriegsschaden entstanden? Wie hoch oder groß etwa? Habt Ihr dann Antrag gestellt? Commertz kann Euch notfalls helfen; an Hand meiner früheren Anträge geht es gewiß auch ohne Hilfe. Oder holt Euch den Sachverständigen bei Emonds.
Grüße alle Kinder: Berny, Marianne, Liesel, Alex, Bernhard u. Leni. Danke jedem für seine Briefe u. Gebetsgedenken. Ich bin immer bei Euch und tue in meinen Gebeten, was ich nur vermag. Grüße die treue Lene und den guten, hilfsbereiten Bernh. Exeler. Gruß an meinen u. Deinen Vater und Geschwister. Endlich und vor allen Dingen Dir Grüße und Wünsche aus dem tiefsten Herzensgrunde. Eben grüßt mich Dein Bild, das vor mir steht, und ich sage ihm alles, was ich nicht schreiben kann. Meine ganze Liebe zu Dir liegt in diesem Gespräch, mein Leiden mit Dir und mein Hoffen und lebendiges Vertrauen. In dieser Liebe und dem unerschütterlichen Glauben und Vertrauen grüße ich Dich:

                                      Vater.

Schreibe bitte bald Antwort, auch die Kinder. Grüße an alle Kölner Freunde und Bekannte. – Wenn dieser Brief gerade abgegeben sein wird, kommt todsicher Post von Euch. Grüßet am Allerseelentag die Mütter.

Mit besonderer Innigkeit gedenke ich in diesem Briefe Deiner. Halte Dich tapfer, bete fleißig, meine Gedanken und Gottes Gnade sind immer mit Dir.

Nikolaus Groß Berlin-Tegel, den 15.10.44
Nr. 1499 Seidelstraße 39
8/326 Haus 1

Liebe Berny!

Ich freue mich, Dir heute unmittelbar schreiben zu können. Wenn die Mutter mir schrieb, daß sie in diesen Wochen an den Kindern viel Freude und bei ihnen Verständnis und große, herzliche Zuneigung gefunden habe, dann hast Du diese Anerkennung ganz gewiß mit verdient. Ich danke Dir, mein liebes Mädel, für alle Güte und Hilfsbereitschaft, die Du der Mutter und den Geschwistern erweist. Ich bitte Dich, tue Dein Bestes, allen anderen das Leben durch Freundlichkeit und Entgegenkommen leichter zu machen. Ich habe in den letzten Jahren so manche Freude an Dir erlebt, daß ich Dir vertraue, daß Du es auch jetzt gut machen wirst. Gott schütze und segne Dich!
Mit gleicher Post schreibe ich an die Mutter. Später hoffe ich auch Marianne und Liesel persönlich schreiben zu können. Ihr müßt Geduld haben. Den Brief richte ich nach Bonn, weil Du ja wohl dort übernachtest und Mutter noch in Kupferdreh ist.
Deinen nach Fürstenberg gerichteten Brief vom 20.9. habe

ich nachgeschickt bekommen und am 9. 10. hier erhalten. Herzlichen und aufrichtigen Dank. Die beigelegten Marken sind für die NSV-Fürstenberg beschlagnahmt worden. Nun, ich hätte sie hier doch nicht mehr verwenden können.
Wie geht es auf der Arbeit? Was macht Michael? Schreibe mir darüber. Wie sieht es mit unserer Wohnung in Köln aus? Jedesmal wenn ich im Wehrmachtbericht von einem Angriff auf Köln höre, habe ich ernste Sorgen um Euer Leben und Eure Gesundheit. Dabei weiß ich nie, wer sich in Köln aufhält. Es bleibt immer eine Unruhe und Unsicherheit. Schicke mir doch bitte sofort nach einem Angriff eine Karte mit einer kurzen Mitteilung, ob und was passiert ist, natürlich nur über Dinge, die uns angehen. Anderes hat in unseren Briefen nichts zu suchen. Wie auch über die Sache, deretwegen ich hier bin, nicht geschrieben werden darf.
Wie geht es den Bonnern? Grüße sie alle recht herzlich von mir. Bestelle bitte auch viele Grüße an Deine Mutter und Geschwister, wenn Du sie siehst oder ihnen schreibst.
Mit besonderer Innigkeit gedenke ich in diesem Briefe Deiner. Halte Dich tapfer, bete fleißig, meine Gedanken und Gottes Gnade sind immer mit Dir. Viele Grüße und herzliche Wünsche.

          Dein Vater.

Nikolaus Groß am Schreibtisch im Kölner Ketteler-Haus. Aufnahme von 1935.

Brief vom 22.10.1944

Nikolaus Groß ist von einer belastenden Sorge befreit: Er weiß die Familie dauerhaft in Sicherheit vor den schweren Bombenangriffen auf Köln. Sein Bemühen, Ängste wegen seines Gesundheitszustandes auszuräumen, läßt indes erkennen, daß sich sein Magenleiden wohl verschlimmert hat: Er erhält in der Haft »Zusatzkost«.
Nikolaus Groß kann wieder wöchentlich schreiben, zusätzlich einen Brief alle zwei Wochen an die Kinder. Wie diese ungewöhnliche Regelung zustande kam, ist unbekannt. – Die Töchter Berny und Marianne arbeiten in einem Lazarett in Essen-Kupferdreh.

Die Liebe ist und bleibt das Größte.

Nikolaus Groß Berlin-Tegel, den 22.10.44
Nr. 1499 Seidelstraße 39
8/326 Haus 1

Allerliebste Mutter!
Alle lieben und guten Kinder!

Mit großer Freude schreibe und schicke ich Euch diesen Sonntagsgruß. Es ist der 4. Brief, den ich von Tegel aus an Dich, liebste Lisbeth, und die Kinder schreibe. Meinen letzten (5.) Brief von Fürstenberg vom 25. Sept. scheint Ihr nach den letzten Briefen von Euch nicht bekommen zu haben. Vielleicht ist er noch später eingetroffen oder er ist verlorengegangen. Nach hier gerichtete Post von Euch, auch von Alex, habe ich noch nicht bekommen. Wohl aber erhielt ich am 18.10. die Brief-Karte von Dir, liebe Mutter mit dem Gruß vom 3.10.; einen Brief von Alex vom 5. und einen vom 7.10.; und drei Briefe von Berny vom 1. und 8.10. und den Rundbrief an alle Geschwister vom 8.10. Alle Post war noch nach Fürstenberg gerichtet und ist nachgeschickt worden. Am 19.10. erhielt ich dann den Mantel u. das Oberhemd. Den Mantel hast Du, Liebste, gut in Ordnung gesetzt. Damit hast Du mir eine große Freude gemacht. Die zweite große Freude war der Rundbrief von Berny. Sie hat ihn besser abgefaßt, als ich es getan habe. An Berny einen besonderen Gruß und Dank. Doch die größte Freude ist gewesen zu hören, daß Ihr jetzt alle in Kupferdreh zusammen seid. Jedesmal, wenn im Wehrmachtbericht von schweren Angriffen auf Köln die Rede war, hat es sich mit Bergeslast auf meine Seele gelegt. Nun bin ich von Herzen froh, Euch in Kupferdreh zu wissen. Ganz so arg wie in Köln wird es dort ja nicht sein. Gott möge Euch fünf mit Tante Lenchen, die drei Jungen in Rußland, an Sieg und Bodensee schützen.

Ich schreibe Euch jeden Sonntag einen Brief; alle 14 Tage kann ich zusätzlich an eines der Kinder schreiben. Bald wird gewiß auch die erste Post nach hier kommen. Hoffentlich ist bei Euch alles gesund und wohlauf. Ist Leni wieder gesund, sie war ja nach den letzten Nachrichten krank? Berny und die gute Marianne werden sich in ihrem Lazarett wohl inzwischen eingearbeitet haben. Es ist eine glückliche Lösung, die mir sehr gut gefällt. Liesel wünsche ich, daß sie ihre Fröhlichkeit behält. An den fleißigen Alex und den stillen Bernhard herzliche Grüße. Alex ist der fleißigste Briefschreiber. Beide sollen ihre Pflegeeltern grüßen. Und nun, liebe Mutter, wie geht es Dir? Schreibe mir fleißig und treu. Ich kann Deine guten Worte und Nachrichten gut gebrauchen. Vor allem aber Dein und der Kinder Gebet, um das ich immer wieder bitte.

Mir geht es gesundheitlich und auch sonst noch gut. Die Decke, die Du mir schicken willst, brauche ich nicht. Nun ich den Mantel habe, bin ich gut versorgt. Decken haben wir hier reichlich; auch für sehr kalte Tage genügen sie. Aufgrund meines Magenleidens, durch das ich ja vom Wehrdienst befreit war, bekomme ich hier, vom Arzt verordnet, Zusatzkost. So ist also Deine Sorge, liebste Lisbeth, darin behoben. Das Wetter ist auch noch so günstig, daß wir unsere täglichen Spaziergänge machen können.

Nun, liebste Mutter, grüße alle Kinder. Grüße Lenchen, meine u. Deine Verwandten, alle Freunde u. Bekannten. Was ich Dir für Dich selbst sagen möchte, weiß ich nicht auszudrücken. Ich denke stets und immerfort und mit solcher Herzinnigkeit an Dich, gute teure Lisbeth, und an die Kinder, daß es manchmal das Herz nicht fassen will. Ich

möchte, was ich an Kraft der Seele besitze, nur so als Liebe und Güte hingeben an Euch, meine Herzlieben. Und wenn Ihr aus meinen dürftigen Zeilen einen Gewinn ziehen wollt, dann seid einander reich und freigebig in der Liebe, die Ihr Euch schenkt. Die Liebe ist und bleibt das Größte.
In treuem Gedenken für alle Kinder, auch für unsern vermißten Klaus, für Dich, allerliebste Mutti bin ich immer Dein

                                                  Nikel.

Brief vom 29.10.1944

Mit der detaillierten Aufführung der eingegangenen Post gibt Nikolaus Groß nicht nur einen Hinweis an die Familie, welche Briefe von der Zensur durchgelassen wurden, und damit auch einen Fingerzeig für die künftige Korrespondenz – diese Aufführung zeigt vielmehr erneut, wie stark er sich gedanklich mit jedem einzelnen Mitglied seiner großen Familie beschäftigt, seiner für ihn unerreichbar gewordenen Außenwelt.

Wieder darf ich mich hinsetzen und Euch schreiben. Ihr glaubt nicht, mit welcher Freude ich das tue. Der ganze Tag wird davon überstrahlt. Und im voraus nehme ich schon Anteil an der Freude, die die kargen Zeilen bei Euch auslösen. Wenn Menschen sich so liebhaben und so miteinander verbunden sind, wie es bei uns der Fall war, dann ist die schriftliche Verbindung etwas dürftig. Aber wir freuen uns, daß sie uns erlaubt ist, und wir wollen sie von Herzen nutzen.

Nikolaus Groß   Berlin-Tegel, den 29.10.44
Nr. 1499   Seidelstraße 39
8/326   Haus 1

Meine liebe Mutti!
Ihr lieben und guten Kinder alle!

Wieder darf ich mich hinsetzen und Euch schreiben. Ihr glaubt nicht, mit welcher Freude ich das tue. Der ganze Tag wird davon überstrahlt. Und im voraus nehme ich schon Anteil an der Freude, die die kargen Zeilen bei Euch auslösen. Wenn Menschen sich so liebhaben und so miteinander verbunden sind, wie es bei uns der Fall war, dann ist die schriftliche Verbindung etwas dürftig. Aber wir freuen uns, daß sie uns erlaubt ist, und wir wollen sie von Herzen nutzen. Es ist dies der 5. Brief, den ich von Tegel aus an die Familie schreibe, außer Berny u. Alex, die be-

sondere Briefe bekamen. An Marianne schreibe ich zum nächsten Sonntag, später auch an Liesel. Mein letzter Brief von Fürstenberg vom 25. Sept. scheint auch später nicht bei Euch eingegangen zu sein. Denn vorgestern (27.10.) bekam ich die erste nach hier gerichtete Post von Euch: Einen Brief der Mutter vom 18.10. als Antwort auf meine Briefe vom 30.9. u. 8.10.; Berny und Marianne hatten in diesem Brief Zusätze gemacht. Der 2. Brief von der Mutter war vom 19.10.; Liesel und Leni hatten hinzugeschrieben. In beiden Briefen war mein Schreiben vom 25.9. nicht erwähnt. Ebenso bekam ich am gleichen Tage (27.10.) einen Brief von Alex (unfrankiert!!!) vom 21.10. Euch allen herzlichen und tiefinnigen Dank. Zehn Tage war ich ohne Post, von Fürstenberg ist nichts mehr nachgekommen. Da hat mich Eure neue Nachricht von Herzen gefreut. Hoffentlich sind Liesel u. Leni wieder gesund.
Für Marianne freue ich mich, daß sie die Assistentinnenstelle in der Apotheke bekommen hat. Es ist eine gute Lösung, die mir sehr gefällt. Und daß sie ihr Abitur nachbekommen soll, ist ebenfalls erfreulich. Hoffentlich hat Berny die Stelle im Lazarett bekommen. Ich erwarte sehr ihre Nachricht darüber und über Michaels Ergehen. An Alex herzlichen Dank für seine treue, nicht immer fehlerfreie Post und herzlichen Gruß. Ebenso Grüße an den schweigsamen, aber lieben Bernhard. Liesel und Leni, die beiden Unzertrennlichen sind natürlich nicht vergessen.
Mit besonderer Herzensanteilnahme bringe ich Mutter und Elisabeth meine Glückwünsche u. Grüße zu ihrem Namensfeste dar. Möge Gott Euch segnen, ich bete darum mit ganzer Innigkeit. – Mir geht es den Verhältnissen nach gut. Mit dem Magen komme ich noch immer gut und ohne Schwierigkeiten zurecht. Es ist einfach erstaunlich, wie ordentlich er sich führt.
An Pötz habe ich geschrieben. Wenn Du, liebe Mutter, noch nicht dort warst, brauchst Du nicht hinzugehen. Er soll Dir das Geld nach Kupferdreh schicken. Das Buch

von Neuß kannst Du doch auf Deutsche Bank Essen oder Sparkasse Kupferdreh übertragen lassen.
Wie geht es Dir, liebe Lisbeth? Du darfst Dich nicht beunruhigen, wenn einmal die Post nicht so pünktlich oder regelmäßig ist. Es läßt sich das wohl nicht vermeiden, dabei kann ich ja auch zur Beschleunigung nichts tun. Also immer Geduld u. Gottvertrauen; Er wird schon alles recht machen, wie es zu unserm Besten ist.
Nun, liebste Mutter, herzlichen Dank für Deine Sorgen, Gedanken, Gebete u. lieben Worte; für Deine großen Opfer, Deine Liebe u. Treue. So Gott will und es fügt, will ich Dir alles gut machen. Bis dahin bleibe ich in Deiner großen Schuld. Ja, es ist eine schwere Aufgabe für Dich mit den sechs Kindern und der Sorge um den siebten, den Vermißten. Wenn ich Dir doch nur helfen könnte! Ich kann es nur durch das Gebet und daran, Teuerste, lasse ich es nicht fehlen. Ich grüße Dich von ganzem Herzen. Bitte grüße die Kinder, Berny, Marianne, Elisabeth, Alexander, Bernhard u. Leni. Denke mit mir an Klaus. Grüße an die Opas, an Deine und meine Geschwister, alle Freunde u. Bekannten.
In steter Treue und Liebe

                                          Dein Nikel.

Dank für die Briefmarken, die Berny im vorigen Brief mitgeschickt hatte. Für Tante Lene: Im November werde ich besonders auch an Heinrich denken.

Nikolaus Groß vor dem Volksgerichtshof in Berlin. Aufnahme vom Januar 1945.

Brief vom 5.11.1944

Die Korrespondenz-Möglichkeiten sind wieder eingeschränkt worden. Der Brief läßt deutlich erkennen, wie sehr Nikolaus Groß durch diese Maßnahme getroffen wird. Über die Familie hinaus kreisen seine Gedanken um Freunde und Bekannte, die zum Teil als Soldaten in Rußland an der Front stehen.
Seit zwölf Wochen ist Nikolaus Groß von der Familie getrennt, die Zukunft völlig unsicher. Der Brief läßt eine Krise erkennen. Aus dem Gebet und den Gedanken an seine Lieben will er Kraft schöpfen.

Nicht am äußeren Wort liegt es ja, sondern am Geist und an der Gesinnung. Und da mögt Ihr alle überzeugt sein, daß ich nie inniger und leidenschaftlicher mit meiner Liebe und allem Guten in mir bei Euch war als in dieser Zeit der Trennung. Außer Gott füllt nur Ihr meine Gedanken aus. In solcher Gesinnung bete ich täglich und stündlich für Euch, aus dieser Haltung schreibe ich auch meine Briefe.

Nik. Groß
1499
8/326

Berlin-Tegel, den 5.11.44
Seidelstraße 39
Haus 1

Allerliebste Mutter!
Ihr lieben Kinder alle!

Wieder kann ich mich zu einem Brief an Euch hinsetzen. Allerdings gibt es den zweiten Brief nicht mehr, so daß ich dem einen oder anderen Kinde nicht besonders schreiben kann. Mir tut das für Marianne u. Elisabeth leid, denen ich gerne ein herzliches persönliches Wort gesagt hätte. Sie mögen es verstehen, wenn es nicht geschehen kann. Nicht am äußeren Wort liegt es ja, sondern am Geist und an der Gesinnung. Und da mögt Ihr alle überzeugt sein, daß ich nie inniger und leidenschaftlicher mit meiner Liebe und allem Guten in mir bei Euch war als in dieser Zeit der Trennung. Außer Gott füllt nur Ihr meine Gedanken aus. In solcher

Gesinnung bete ich täglich und stündlich für Euch, aus dieser Haltung schreibe ich auch meine Briefe.
Post habe ich von Euch in dieser Woche nicht bekommen. Nun, sie wird gewiß unterwegs sein und mich in den nächsten Tagen erreichen. Meine letzte Post bekam ich am 27.10. Habt Ihr meine Briefe bekommen? Schreibt mir darüber, es interessiert mich. Was schreibt Alex? Was Bernhard? Wenn Ihr ihnen antwortet, dann richtet an beide meine herzlichen Grüße und Wünsche aus. Sie sollen mich nicht vergessen. Darum bitte ich auch Euch alle von Herzen. Es sind mittlerweile so viele Tage ins Land gegangen, da brennen die Schmerzen der Trennung nicht mehr so heiß. Die Gewohnheit schleift vieles ab. Das Leben ist so, und man kann es nicht ändern. Aber ich bitte Euch mit heißem Herzen: Vergeßt mich nicht in Eurem Gebet und Opfer. Laßt es Euch nicht zur kalten oder lauen Gewohnheit werden. Ich brauche Euch und baue auf Euch, wie ich andererseits auch für Euch tue, was ich kann. Laßt dem gebetsreichen Oktober einen ebensolchen November folgen.
Sonst geht es mir gesundheitlich und seelisch gut. Ich hoffe Euch in gleich zufriedener Verfassung? Was machst Du, liebe Mutter? Ich bete viel für Deine Tapferkeit und Dein Vertrauen und die Zuversicht. Gott wird alles zum Guten fügen. Auf ihn mußt Du alle Sorgen werfen. Wie ist es mit Deiner Gesundheit, wie steht es mit dem Herzen? Hast Du eine Übersicht, wie es im Geschäft und in der Wohnung in Köln aussieht? Ich habe in früheren Briefen gefragt, ob und was die Alsatia in Kolmar gezahlt habe. Eine Antwort habe ich noch nicht. Vielleicht ist sie unterwegs. Schreibe mir oder schreibe an Hüpgens, wenn die Zahlung ausblieb. Oder ich kann ihm auch schreiben. Was machen die Kinder: Berny, Marianne, Elisabeth und Leni. Gemeinsam denken wir immer an Klaus. Auch von Alex und Bernhard möchte ich hören. Grüße alle Kinder von Herzen. Jedem von Euch, so wie Ihr im Bilde vor mir steht,

sage ich morgens und abends und oft, sehr oft tagsüber meinen Gruß. Wie geht es Lenchen? Ich denke auch an sie und ihre Sorgen. Sind die Opas noch gesund? Grüße an sie und an Deine und meine Geschwister alle. Namenstagsgrüße für den Katharinentag an Frau Schmitz, Lotz und Kätchen Härig.
Nun, liebe Mutter, sei herzlich bedankt. Mache Dir meinetwegen keine allzu großen Sorgen. Es wird schon alles gut werden. Ich bin gesund wie kaum zuvor. Von den 13 Stunden Schlafenszeit schlafe ich 9–10 Stunden fest und gut. Der Rest ist Lesen, Beten und Besinnung. Und ich habe ein starkes, lebendiges Vertrauen. Laß also Deinen Kummer nicht zu groß sein. Aber für alle Sorgen und Liebe, die Du für mich aufwendest, bin ich Dir herzlich dankbar. Ich spüre Deine Liebe täglich und stündlich um mich wie eine trauliche Wärme und ein schönes helles Licht. Ich grüße Dich aus innerstem Herzen. Sei bedankt für alles. Grüße die Kinder und alle Verwandten.
Innigen Gruß und Kuß

             Vater.

Schickt mir einiges Briefpapier (Umschläge habe ich noch). Was machen Werner und Heinz. Alex wollte mir ein Foto schicken und von Klein-Leni sollte ich eins haben.

Brief vom 12.11.1944

Der Sohn Klaus war seit September 1943 an der Ostfront vermißt. Von Bernhard Letterhaus hatte Nikolaus Groß erfahren, daß Hoffnungen auf ein Überleben bestünden; tatsächlich kehrte der Sohn im Juni 1948 aus sowjetischer Kriegsgefangenschaft nach Köln zurück.
Nikolaus Groß gedenkt vieler Verwandter (»die im Siepen«, der Kurzfassung einer Anschrift), auch seiner Frau, erwähnt erneut die befreundete Familie Mockenhaupt und Johannes Even.

Zu der Zeit, in der Du diesen Brief bekommst, jährt es sich, daß wir die schmerzliche Nachricht bekamen, unser Klaus sei vermißt. Ich werde an diesem Tage in meinem Gedenken ganz bei Dir und dem Jungen sein. Ebenso am 6. Dezember, am Namenstage. Grüße dann besonders den alten Vater von mir. Und sei getrost! Vielleicht kann ich heute mehr für Dich »tun«, als ich es früher konnte, da der Tag uns nicht zur Ruhe und Besinnung kommen ließ.

Nik. Groß Berlin-Tegel, den 12.11.44
Nr. 1499 Seidelstraße 39
8/326 Haus 1

Allerliebste Mutter!
Ihr lieben Kinder alle!

Heute kann ich Euch mit Freude den Eingang mehrerer Briefe von Euch mitteilen. Von Fürstenberg bekam ich nachgeschickt einen Brief von Marianne vom 3.10., worin sie mir schreibt, daß sie als Assistentin in der Stabsapotheke Dienst tue. Von Elisabeth bekam ich einen Brief vom 13.10. ebenfalls über Fürstenberg mit 2 Fotos (1 Ahlbeck, 1 Kupferdreh); von Alex einen Sonntagsgruß vom 15.10. Am 9.11. kam dann an die Tegeler Adresse ein Brief von Berny vom 27.10. mit der Nachricht, daß sie als Gehilfin beim Stabsarzt beginnen werde. Alex schrieb mir

vom 29.10. und Marianne vom 25.10. Außerdem kam noch ein Brief von Berny vom 15.10. und Liesel vom 3.10. (mit 4 Marken à 12 Pfg) über Fürstenberg. Allen Kindern herzlichen Dank und treue und liebe Gegengrüße. Keine Frage, daß ich mit der Berufslösung für Berny wie Marianne gern und freudig einverstanden bin. Und ebenso groß ist mein Vertrauen, daß beide Mädchen sich – wie Marianne schreibt – »gut halten werden«. In dieser Hinsicht habe ich keine Besorgnis. Ich bin davon überzeugt, daß sich jedes unserer Kinder so verhalten wird, als wäre ich noch zu Hause. Ich freue mich, Euch sagen zu können, wie sehr ich Euch vertraue und an Euch glaube.
Unter den Briefen war keine Post von der Mutter. Gewiß hat sie geschrieben und es sind wohl mehrere Briefe unterwegs. Ich denke, daß sie in den nächsten Tagen ankommen. Daß Ihr in Neuß alles, wie Berny schreibt, aufgegeben habt, ist richtig. Es war viel zu umständlich. An Pötz hatte ich auch von mir aus geschrieben. Hoffentlich hat er die Honorarfrage ordentlich geregelt. Schreibt mir bitte darüber gelegentlich. Schreibt auch, ob ich mich wegen der Alsatia nochmals an Hüpgens wenden muß. Mit der Wäsche komme ich hier gut zurecht. Ich brauche keine weitere Wäsche, sie wird hier sehr sauber gereinigt. Nur ein Paar Handschuhe hätte ich gern gehabt. Im übrigen bin ich nach wie vor gesund und in guter Verfassung. Ich hoffe auch von Euch allen, daß Ihr gesund und starken Mutes seid. Liebe Mutter: Zu der Zeit, in der Du diesen Brief bekommst, jährt es sich, daß wir die schmerzliche Nachricht bekamen, unser Klaus sei vermißt. Ich werde an diesem Tage in meinem Gedenken ganz bei Dir und dem Jungen sein. Ebenso am 6. Dezember, am Namenstage. Grüße dann besonders den alten Vater von mir. Und sei getrost! Vielleicht kann ich heute mehr für Dich »tun«, als ich es früher konnte, da der Tag uns nicht zur Ruhe und Besinnung kommen ließ.
Wie geht es Dir, liebe Lisbeth? Zunächst hoffe ich sehr

zuversichtlich, daß es Dir gesundheitlich noch gut geht. Ich meine, daß ich Dir im Geiste nie so nahe gewesen und so eng verbunden war, als jetzt, wo wir äußerlich so sehr getrennt sind. Und auch die Kinder haben meinem Herzen nie näher gestanden. Grüße ein jedes: die gute Berny mit Michael, die liebe Marianne, die fröhliche Elisabeth, den tapferen Alex, den stillen Bernhard und die herzige Leni. Allen und jedem danke ich für das, was er für mich tut. Grüße auch Tante Lenchen, Anni, Werner und Heinz. Grüße meine Schwestern und die im Siepen, besonders den Opa. Was macht Bernh. Exeler? Und nun besonderen Gruß für Dich, liebe Mutter. Du weißt, daß ich Deiner besonders innig und herzlich gedenke. Von Herzen wünsche ich Dir alles Gute. Alex frug für Frau Stärck, ob ich Pakete empfangen dürfte. Schreibe ihm, daß das nicht möglich sei. Grüße auch Mockenhaupts und Johannes in Thorr. Berny kann meinen Füllhalter benutzen. Wie steht es mit dem Tintenkuli für Schulte? Ist er fertig und abgeschickt?
Herzlich und innig grüße und küsse ich Dich. Stets bleibe ich Dein getreuer

          Nikel.

Dank an Marianne für das Gedicht: »Die wunderklaren Sterne«, das mir sehr gefallen und viel Freude gemacht hat.

Brief vom 19.11.1944

Am Tag der Hl. Elisabeth von Thüringen gedenkt Nikolaus Groß in besonderer Weise seiner Ehefrau, um deren Gesundheit er sich – vielleicht wieder als Ablenkung von eigenen Problemen – sorgt, und der Tochter Liesel. – In Niederwenigern/Ruhr hält sich die Familie von nun an bis zum Kriegsende im Elternhaus von Elisabeth Groß auf.

Es kommt doch alles, wie Gott es will. Je mehr wir uns ihm anvertrauen, um so mehr Frieden und innere Ruhe werden wir gewinnen. Darum sorge Dich nicht unnötig; bete zu ihm, bete herzlich und anhaltend und gib das andere in seine Entscheidung.

Nik. Groß Berlin-Tegel, 19. Nov. 1944
1499 Seidelstraße 39
8/326 Haus 1

Allerliebste Mutter!
Ihr lieben Kinder!

An diesem Tage bin ich in meinen Gedanken besonders viel bei Euch. Ist es doch Mutters und Liesels Namenstag. Gerne möchte ich unter Euch sein, Eure Freude teilen und Euch meine Liebe bezeigen. Nun, Ihr müßt Euch auch so zufriedengeben. Aber meinen Glückwunsch, den ich schon in früheren Briefen ausgesprochen habe, will ich doch wiederholen.
In der abgelaufenen Woche habe ich von Euch viele und liebe Post bekommen. Von Mutter drei Briefe: vom 22., 25. und 28. Oktober. Die Freude war groß, überaus groß. Für alle Nachrichten, guten Worte und Wünsche, besonders für die Gebetsversprechen herzlichen Dank. Ja, es ist gut, daß Ihr in N.-Wenigern seid. Suchet Euch die geschützteste Stelle aus. Ich bin mit allem einverstanden, was Ihr tut. Ich habe nur noch Euer Wohl im Auge, aber keine

eigensüchtigen und selbstherrlichen Wünsche und Ansichten mehr. So müßt Ihr es auch wissen, ob Ihr den Alex heimholen wollt. Viel Zweck wird es mit der Schule ja nicht mehr haben. Handelt so, wie Ihr es für gut befindet.
Viele Fragen, so wegen der Alsatia, sind durch Deine Briefe, liebe Mutti, beantwortet. Nimm meinen herzlichen Dank.
Von Berny bekam ich zwei Briefe vom 28.10. und 2.11. Von Marianne einen langen Brief mit dem Paulusworte vom 7.11. und von Liesel einen Brief, ebenfalls vom 7.11. Allen drei fleißigen Schreiberinnen herzlichen und aufrichtigen Dank. Jedes Wort ist ein Gruß aus einer vertrauten und lieben Welt, ein Klang aus der Heimat und aus einem heißgeliebten Kreis von Menschen, der mir der teuerste hier auf Erden ist. Vielen, vielen Dank. Zum ersten Male habe ich nichts von Alex gehört. Aber das liegt nicht an ihm, die Post wird mir seinen Gruß wohl noch zubringen.
Wie geht es den Kindern? Ist Leni gänzlich wiederhergestellt? Und Liesel? Mutter! Du mußt Dich schonen! Nimm Rücksicht auf Deinen Herzfehler. Es kommt doch alles, wie Gott es will. Je mehr wir uns ihm anvertrauen, um so mehr Frieden und innere Ruhe werden wir gewinnen. Darum sorge Dich nicht unnötig; bete zu ihm, bete herzlich und anhaltend und gib das andere in seine Entscheidung.
Mir geht es noch gut. Über meine Gesundheit habe ich nicht zu klagen. Ich wollte, jeder von Euch wäre so gesund. Berny wird sich in ihrem neuen Beruf wohl eingearbeitet haben. Was schreibt Michael? Gruß an die Schwiegereltern. Für Marianne freue ich mich, daß sie mit ihrem Apothekerberuf das Leben an einem interessanten Zipfel erwischt hat. Alles Gute für sie und ihre Zukunft. Liesel wünsche ich von Herzen gute Gesundheit. Sie ist ein tapferes Mädel. Herzlichen Gruß an Alex. Seht einmal zu, wie

Ihr es mit ihm machen wollt. Der stille Bernhard ist nun wieder bei der Mutter. Das ist gut so. Herzlichen Gruß an den Jungen. Er soll tüchtig für mich beten. Und die liebe kleine Leni. Gott segne sie! Euch allen, besonders Dir, Herzensmutter, herzliche Grüße und alle guten Wünsche. Gott sei immer mit Euch! Grüße meinen und Deinen Vater, meine und Deine Geschwister. Gruß an alle Freunde und Bekannten. Besuch in meinem Namen die Mütter und grüße sie. Ein herzliches Gedenken für unseren Klaus! Gruß an Heinz, Werner und Paul.
Im steten Gedenken an Dich, liebe Lisbeth, und alle sieben Kinder verbleibe ich in Liebe

Dein Nikel.

Brief vom 26.11.1944

Nikolaus Groß erwähnt weitere Verwandte, aber besondere Aufschlüsse legt die angeblich gefallene Brille nahe. Er sucht den Eindruck von Normalität zu erwecken, spricht von einer möglichen Reparatur in der Haft – was unwahrscheinlich war –, und überspielt damit, daß die Beschädigung der Brille wohl weniger auf eigenes Ungeschick als auf eine Mißhandlung zurückzuführen sein dürfte.

Ich habe zu keiner Stunde Langeweile, im Gegenteil, mein Tag ist mit Aufräumen und Säubern der Zelle, mit Gebet und Lesen so ausgefüllt, daß ich geradezu ein Programm einhalten muß. Nein, wer sich so viel mit Gott beschäftigt, hat keine Langeweile, und der Gespräche mit ihm werde ich nicht überdrüssig. Besonders unterhalte ich mich mit ihm über Euch, über jeden einzelnen von Euch, und ich sage ihm dabei alles, was ich auf dem Herzen habe. Sei also getrost Mutter, ich verbringe meine Tage in bester Weise und Gesellschaft.

Nikolaus Groß (1) Berlin-Tegel, den 26.11.44
Nr. 1499 Seidelstraße 39
8/326 Haus 1

Meine liebe Lisbeth!
Ihr lieben und guten Kinder alle!

Heute ist wieder ein Sonntagsgruß fällig. Ich freue mich, Euch, meinen Lieben, schreiben zu können. Es geht mir noch gut. Soweit ich das aus den Briefen entnehmen kann, ist auch bei Euch noch alles wohlauf. In dieser Woche bekam ich 2 Briefe von der Mutter, vom 2. u. 6.11., zwei Briefe von Marianne vom 29.10. u. 13.11., einen Brief von Berny vom 13.11. und einen von Alexander vom 5.11. Mutter besonderen Dank für die guten trostreichen

Worte. Ja, es ist gut, daß Ihr in N-Wenigern seid. Ich glaube schon, daß auch alle anderen – Beneken, Kampmann usw. – aus Köln flüchten. Es ist jetzt kein Aufenthalt für Frauen und Kinder mehr. Fahrt auch Ihr nicht hin, wenn Ihr nicht ganz dringend fahren müßt. Verzichtet lieber auf eine Bequemlichkeit oder ein Glas Eingemachtes, als daß Ihr Euch der Gefahr der Reise und des Aufenthaltes aussetzt. Wie ich aus dem Brief von Berny entnehme, war sie in Köln. Der Schaden am und im Hause ist danach nicht so arg schlimm. Berny herzlichen Dank für ihren Bericht. An Marianne Dank für ihre beiden schönen Briefe. Hundert Mark, zum ersten Male verdient, sind ein stolzes und frohes Gefühl. Ich beglückwünsche Dich, liebe Marianne. Berny wird ja bei der Entlohnung nicht schlechter fahren. So könnt Ihr beiden Mädel schon ganz tüchtig und spürbar die Mutter in der materiellen Sorge für die Familie unterstützen. Daß Ihr es tut, dafür danke ich Euch. Liesels Brief ist offenbar ausgeblieben. Nun, er kommt dann Anfang dieser Woche. Alex will wissen, was er Herrn und Frau Stärck zu Weihnachten schenken kann. Gebt Ihr ihm doch einen Rat, da ich ihm nicht schreiben kann und auch nicht recht weiß, wozu ich raten soll und was überhaupt zu beschaffen ist. Schreibe ihm also, liebe Mutter.
Meine Brille ist mir gefallen und dabei ein Glas zerbrochen. Wenn ich wüßte, daß Ihr meine Reservebrille mitgenommen habt, würde ich Euch bitten, mir diese umgehend zu schicken. Und einen Rasierpinsel, da der alte abgebrochen ist. Unter keinen Umständen will ich, daß einer wegen der Brille nach Köln fährt. Das Glas ist ja in dieser Brille noch drin, ich kann sie also benutzen. Nur die Sprünge im Glas stören. Eine Reparatur hier kann Wochen dauern, und so lange kann ich auf das Augenglas nicht verzichten. Daß ich Mantel und Wäsche schon seit dem 18. 10. besitze, wirst Du, liebe gute Mutter, aus früheren Briefen wissen. Ich bin in dieser Beziehung jetzt mit allem versorgt. Auch an Lesestoff mangelt es nicht. Wenn

Du allerdings, liebe Lisbeth, meinst, ich hätte Langeweile und bei mir würden Stunden zu Tagen, dann bist Du im Irrtum. Ich habe zu keiner Stunde Langeweile, im Gegenteil, mein Tag ist mit Aufräumen und Säubern der Zelle, mit Gebet und Lesen so ausgefüllt, daß ich geradezu ein Programm einhalten muß. Nein, wer sich so viel mit Gott beschäftigt, hat keine Langeweile, und der Gespräche mit ihm werde ich nicht überdrüssig. Besonders unterhalte ich mich mit ihm über Euch, über jeden einzelnen von Euch, und ich sage ihm dabei alles, was ich auf dem Herzen habe. Sei also getrost, Mutter, ich verbringe meine Tage in bester Weise und Gesellschaft.
Nun muß ich schließen. Meinen Gruß und Segen an alle: Berny, Marianne, Elisabeth, Bernhard und Leni. An die beiden Opas, an Deine und meine Geschwister, an die Mütter und ein Gedenken für Klaus. Besonderen Gruß und Wunsch für Dich, Liebste. Ich weiß, ohne daß Du mir es schreibst, wie Deine Gedanken zwischen Rußland, Berlin, Bodensee und Kupferdreh hin und hergehen. Wie Du zerrissen bist in Deiner Sorge zwischen hier und dort, zwischen diesem und jenem. Gott stärke Dich, er stehe Dir bei und helfe Dir. Viele herzinnige Grüße und Küsse von Deinem Dir immer in tiefer Liebe zugetanen

           Nikel.

Gruß und Dank an Valks für seine Sorge um unsere Wohnung.

Kassiber vom 30.11.1944

Zwei Monate nach der Verlegung von Fürstenberg in die Haftanstalt Berlin-Tegel gelang – soweit heute feststellbar – zum ersten Male die Kontaktaufnahme mit Kassiber. Der Weg läßt sich nicht mehr rekonstruieren; wahrscheinlich sind die Nachrichten mit der Wäsche in die beziehungsweise aus der Haftanstalt gelangt.

Herrn Nikolaus Groß

Kassiber   **Do. 30.11.44**

Bitte bestellen an Herrn N. Groß

Lieber Vati!

Ich bin gestern Abend mit Berny hier angekommen. Wir wohnen im Annahaus. Ich will versuchen, Sprecherlaubnis zu bekommen, was sicher in den nächsten Tagen gelingt. Ich gehe auch zu Onkel Buch, der ja dem Klaus so gut war. Auch Paul wollen wir besuchen. Er ist jetzt auch hier in Berlin in die Kaserne als Schuster gekommen. Er wird sich auch freuen.

Herzlichen Gruß
            Mutti
u. liebe Grüße von Berny

Herzlichen Dank, hoffentlich kommt Ihr beiden bald, wenn Ihr die Sprecherlaubnis habt. Ich freue mich unsagbar.

                                    Vater

Brief vom 3.12.1944

Unter allen Festen des Jahreskreises nahm Weihnachten, das Fest der Geburt Christi, eine herausgehobene Stelle ein als das Familienfest schlechthin. Die Familie mußte dieses Fest zum ersten Mal getrennt vom Vater und Ehemann verbringen.
Nikolaus Groß schrieb diesen Brief am ersten Adventssonntag 1944 in der Annahme, daß dies die letzte Nachricht sei, die er der Familie vor dem Weihnachtsfest würde zukommen lassen können.

Ja, was auch geschehen mag, was wir erleiden oder worüber wir uns freuen – es sei alles zur Ehre Gottes. Und unser guter Wille, der uns den Frieden bringt, den Frieden des Herzens, den Frieden Gottes, soll darin bestehen, daß wir Gottes Willen tun. Denn Gottes Wille ist allemal der gute Wille, der beste Wille. So laßt uns also Weihnachten feiern, getrennt und doch vereint, weit auseinander und doch näher denn je. Ich werde in Gedanken an Euch zu keinem Augenblick mich einsam und verlassen fühlen, vielmehr manches bedenken können, was früher übersehen war.

Nikolaus Groß　　　　　　Berlin-Tegel, den 3. 12. 44
Nr. 1499　　　　　　　　　Seidelstraße 39
8/326　　　　　　　　　　Haus 1

Herzliebste Frau und Mutter!
Ihr lieben, guten Sieben!

Ja, alle will ich in diesen Brief einbeziehen, alle Sieben, auch den Klaus. Es soll mein Weihnachtsgruß sein, denn wenn Euch dieser Brief erreicht, wird das Fest unmittelbar vor der Türe stehen. Es wird zum ersten Male ein Fest ohne den Vater sein. Gerne möchte ich an diesem Tage mit Euch zusammen sein, Euch in die Augen sehen, Euch liebend und dankend die Hände drücken, Euch alle an mich nehmen. Doch ich will es nicht beklagen und bejammern, wenn es anders ist. So schmerzlich auch die Trennung ist, wenn wir sie als Opfer nehmen und darbieten, dann gereicht sie uns zum Segen. Es würde mich nur schmerzen, wenn die Kinder zum ersten Male ohne ein klein bißchen festliche Freude, ohne Weihnachtsbaum oder Krippe blieben. Wenn es nicht alles so sein kann, wie in früheren Jahren, so möge doch wenigstens etwas von dem Lichte und Glanze geblieben sein. Glaubet mir, daß ich mit innigster Teilnahme bei Eurer Feier dabei sein werde. Weihnachten, das Fest der Liebe und des Kindes wird mich mit nur noch größerer Ergriffenheit an Euch, an Dich, gute, liebe Mutter, an alle die Kinder denken lassen. Heißer werden meine Gebete nie zum Himmel aufgestiegen sein. Ich bin aber auch gewiß, daß uns die Gnade nie näher sein wird als an diesem Tage, wenn wir das Geburtsfest Christi in der rechten Weise begehen. »Ehre sei Gott in der Höhe und Friede den Menschen auf Erden, die guten Willens sind« – so heißt es im Engellied. Ja, was auch geschehen mag, was wir erleiden oder worüber wir uns freuen – es sei alles zur Ehre Gottes. Und unser guter Wille, der uns den Frieden bringt, den Frieden des Herzens, den Frieden Gottes, soll darin bestehen, daß wir Gottes Willen tun. Denn Gottes Wille ist allemal der gute Wille, der beste Wille. So laßt uns also Weihnachten feiern, getrennt und doch vereint, weit auseinander und doch näher denn je. Ich werde in Gedanken an Euch zu keinem Augenblick mich einsam und verlassen fühlen, vielmehr manches bedenken können, was früher übersehen war. Gott möge Euch an dem Tage alle segnen, seine Gnade in reicher Fülle mit Euch sein.

Ich grüße Euch alle: Dich, liebste Mutter und Frau. Du weißt, daß ich für Dich beten werde, so viel ich nur vermag. Ich grüße die Kinder: den Klaus irgendwo in Rußland, die Berny, Marianne, Elisabeth, Alex (vielleicht auch fern von daheim), Bernhard und Leni. Jedem gilt mein besonderer Gedanke und Festtagsgruß. Herzliche Grüße

zum Feste an Opa Groß und Koch, Familie Krones, Gretchen und Paul, Lenchen mit ihren Kindern, Willi, Hans und Frau, Alois und Familie, an meine Schwestern Elisabeth und Maria und an alle Freunde und Bekannte: Brüse und Scherff, Exeler und alle anderen.
Viele und liebe Grüße noch einmal Dir, herzliebe Lisbeth, allen Kindern und guten Menschen.

            Vater.

Gruß an Stärck und Mockenhaupt, Michael und Familie. Und allerherzlichsten Dank für Mutters und Bernys Besuch. Die Freude ist in Worten nicht zu fassen. Ich werde Euch diese Guttat nicht vergessen und noch lange von diesen Augenblicken zehren. Vielen und innigen Dank.

Nikolaus Groß vor dem Volksgerichtshof in Berlin (Januar 1945).

Zwei Kassiber vom 4.12.1944

In zwei weiteren Kassibern kann Nikolaus Groß unter Umgehung der Zensur den Eingang der Post bestätigen und der Familie so mitteilen, welche Post ihn nicht erreichte. Bei der Zustellung der Kassiber scheint Fräulein Gertrud Handlos, die Haushälterin des früheren Präses des KAB-Reichsverbandes, Hermann Josef Schmitt, eine besondere Rolle gespielt zu haben. Sie wird im weiteren auch als »Fräulein Gertrud« erwähnt.

Offensichtlich in die Zeit zwischen Abfassung der beiden Kassiber fällt der erste Haftbesuch, den Elisabeth Groß nach unsäglichen Schwierigkeiten erreichen konnte. In dem zweiten Kassiber gibt Nikolaus Groß in Stichworten Auskunft über sein Befinden, erteilt Weisungen und Ratschläge, bittet um die Weiterleitung von Grüßen.

Ob er mit seiner Bemerkung, ihm gehe es »besser als in Fürstenberg«, wirklich »die reine Wahrheit« geschrieben hat, muß offenbleiben. Seine Ausführung, »von mir aus würde ich bis zum Ende meiner ›Zeit‹ (sic) nicht von hier fortwollen«, läßt auch eine andere Deutung zu: Nikolaus Groß wußte, daß von Tegel der Weg nur in die Hinrichtungsstätte Plötzensee, in den Strafvollzug oder in die Freiheit führte. Mit letzterem aber konnte er vernünftigerweise nicht rechnen.

Der zweite Kassiber könnte ein ganz bestimmtes Ziel verfolgt haben: Das bewegende Wiedersehen nach fast vier Monaten Haft wird Elisabeth Groß nicht getäuscht haben über den seelischen und körperlichen Zustand ihres Ehemannes.

Aus einem über Euren Besuch überglücklichen Herzen danke ich Euch noch einmal. Es war gut, Berny mitzubringen. Glaube nicht, daß ich einsam bin; wer die Kraft und Macht des Gebetes kennt, ist nie allein. Ja, Gott gibt mir durch das Gebet viel Frieden und stille Herzensfreude. Darum ist es falsch, um mein Schicksal zu weinen und es zu bedauern. Laßt uns vielmehr im vereinten Gebet Gott danken und loben für alle Gaben des Leibes und der Seele. Er ist, darin bin ich nicht wankend zu machen, unser Schutz und Schirm, er wird uns alle erretten und wieder zusammenführen.

Kassiber 4.12.44

Heute früh erhielt ich:
1. Brief mit Karte der Mutter von ihrem Namenstage (1 Uhr nachts geschrieben)
2. Brief der Mutter vom 22.11.44
3. Wie schon an anderer Stelle vermerkt, einen Brief von Rektor Valks vom 15.11.
4. Eine Karte von Liesel vom 7.11.
5. Einen langen, schönen Brief von Liesel vom 19.11.
6. Einen Brief von Alex vom 12.11.
7. Einen Brief von Alex mit zwei schönen Fotos vom 19.11.

Allen, allen herzlichen und innigen Dank. Wie gut sind doch die Kinder und die Freunde, sie vergessen uns nicht.
Liebste Mutti, besonders innigen und treuen Dank an Dich. Ich bete für Dich immerfort.

Vater.

Kassiber

1. Dir und Berny noch einmal aus tiefstem Herzen Dank für Euren Besuch. Gewiß viele Anstrengungen, die ich nicht erwarten und fordern durfte, aber die halbe Stunde Besuch wiegt Monate des Alleinseins auf.
2. Bitte sag in meinem Namen auch Dank an Frl. H., die alles so wohl vorbereitet und sich so große Mühe gegeben hat.
3. Ich habe – verzeihe es – nicht eingehend gefragt, wie es Dir ginge. Ich war dazu nicht in der Lage, weil mich die Frage zu tief aufwühlte.
4. Mir selbst geht es, wie Du Dich überzeugen konntest, gesundheitlich gut. Auch seelisch bin ich den Dingen gewachsen, darin weiß ich mich sicher.
5. Sei getrost: Ich habe die feste Überzeugung, daß mit mir alles gut auslaufen wird. Das ist keine billige Selbsttäuschung. Wir müssen nur Geduld haben und beten. Laß Dich unter keinen Umständen niederdrücken: Gott hilft uns, und eines Tages werden wir ihm alle vereint aus tiefstem Herzen für seine Hilfe danken.
6. Ich habe es hier besser als in Fürstenberg. Das ist nicht nur daher gesagt, sondern die reine Wahrheit. Von mir aus würde ich bis zum Ende meiner »Zeit« nicht von hier fortwollen.
7. Bereite nach Möglichkeit den Kindern ein Weihnachtsfest in gewohnter, wenn auch bescheidener Weise. Laß die Kinder nicht entbehren, wenn Euch Großen das Herz nicht nach Fest und Feier steht.
8. Dr. Schulte, Domplatz 3, kann helfen mit Lebensmitteln für Onkel Buch. Schreibt ihm, ich bäte ihn darum. Wie steht es mit Michel und Hans in Bergheim? Können sie noch etwas tun?
9. Ihr müßt schaffen und arbeiten; ich begleite Euch für jede Stunde mit meinem Gebet. Es ist das Einzige und Beste, was ich für Euch tun kann.

10. Grüße jeden: Kinder, Verwandte, Freunde und Bekannte. Opa herzl. Gruß zum Namenstag am 6.12.
11. Schicke mir umgehend die Brille und – wenn zu haben – einen Rasierpinsel, Rasierseife, weißes Nähgarn. Der Mantel ist natürlich längst hier.
12. Gottes Schutz für Euch alle. Meine Gedanken verfolgen Dich auf allen Wegen hier in B., auf der Heimreise und daheim bei unseren lieben Kindern. Erzähle ihnen alles und grüße sie.
13. Kannst Du etwa 20–30 Mark bei der Kasse der Anstalt für mich einzahlen? Ich hatte nur 15 Mark in der Tasche, als ich fortging, und wenn ich für Wäsche oder eine Reparatur einmal einen größeren Betrag zu zahlen habe, stehe ich ohne Guthaben. 20–30 Mark genügen.
14. Es ist Regel, daß wir jeden Sonntag einen Brief schreiben dürfen. Du kannst also an Hand der Sonntagsdaten nachprüfen, ob ein Brief ausgeblieben ist. Marken habe ich noch, auch Umschläge, nur die Bogen gehen zur Neige.
15. Aus einem über Euren Besuch überglücklichen Herzen danke ich Euch noch einmal. Es war gut, Berny mitzubringen. Glaube nicht, daß ich einsam bin; wer die Kraft und Macht des Gebetes kennt, ist nie allein. Ja, Gott gibt mir durch das Gebet viel Frieden und stille Herzensfreude. Darum ist es falsch, um mein Schicksal zu weinen und es zu bedauern. Laßt uns vielmehr im vereinten Gebet Gott danken und loben für alle Gaben des Leibes und der Seele. Er ist, darin bin ich nicht wankend zu machen, unser Schutz und Schirm, er wird uns alle erretten und wieder zusammenführen.
16. Diese Notizen sind für Dich, liebste Mutter, geschrieben in der Meinung, daß Du noch in B. bist. Auch im andern Falle hoffe ich, daß sie Dich erreichen.

                                                Vater

B. 4.12.44
Schreibe an Valks, ich bekam heute einen langen und herzl. Brief vom ihm vom 15. November.

Brief vom 17.12.1944

Ein besonderer Trost und eine Hilfe ist der »Schott«. Er dient mir dazu, auch innerlich und seelisch dem Sinn des Advents und dem Fest der Weihnacht stetig näher zu kommen. Gewiß wird es für uns alle ein freudenreiches werden, trotz aller Sorgen, die auf uns lasten. Ebenso wichtig wie die äußeren Umstände ist unser inneres Verhältnis zum Fest. Und da wünsche ich Euch allen, daß es an dieser Einstimmung bei keinem fehlen möge.

Nikolaus Groß (1) Berlin-Tegel, den 17. 12. 44
Nr. 1499 Seidelstraße 39
8/326 Haus 1

Liebe Mutter!
Ihr lieben, treuen Kinder!

Euch allen zunächst einen herzlichen Sonntagsgruß. Ich wünsche Euch, daß es Euch allen noch gut geht. Von mir selbst kann ich nur Gutes berichten. Inzwischen wirst Du Dich, liebe Mutter, daheim wieder eingelebt haben. So wie ich Dich kenne, wird es Dir nicht leicht fallen. Du wirst mit Deinen Gedanken und Sorgen noch in Berlin weilen und manche Bilder und Eindrücke werden Dir nachgehen, die Dich nicht verlassen wollen. An dieses und jenes wirst Du Dich erinnern und es bedauern, das eine nicht noch gesagt und vielleicht das andere nicht noch getan zu haben.

Mache Dir deshalb keinen Kummer. Dein Besuch war überreich für mich, und was Du getan hast, ist mehr, als ich erhoffen durfte. Du kannst ganz beruhigt sein, wie ich es auch bin. Alles wird sich zum Guten auswirken. Wie war Deine Heimreise? Zwei Tage wirst Du gebraucht haben. Von Marianne erhielt ich einen Brief – wofür ich ihr herzlich danke –, worin sie mitteilt, daß in der Nacht vorher, von Sonntag auf Montag, Berny von der Berliner Reise heimgekehrt sei. Und von dem lieben Bernhard erhielt ich eine schöne Karte mit einem Namenstagsgruß. Auch an ihn herzlichen Dank. Ich glaube, daß ich besonderen Dank auch Frl. Gertrud schuldig bin. Da ich keinen anderen Weg habe, bitte ich Dich, liebe Mutter, ihr zu schreiben und zu danken. Dank auch für den Rasierpinsel und Seife, alles tut mir gute Dienste. Sonst aber weiß ich von Deiner Heimkunft noch nichts. Auch die Brille ist noch nicht eingetroffen. Aber es kann sich dabei nur um einige Tage handeln, dann muß sie hier sein. Und auch einige Post wird noch im Rückstande sein. So darf ich also hoffen und erwarten. Und das ist schön.
Mittlerweile gehen wir den Weihnachtstagen entgegen. Das Wetter hier tut sich schon recht weihnachtlich. Es gab mal vorübergehend Schnee, jetzt herrscht seit Tagen ein schönes klares Frostwetter. Ein besonderer Trost und eine Hilfe ist der »Schott«. Er dient mir dazu, auch innerlich und seelisch dem Sinn des Advents und dem Fest der Weihnacht stetig näher zu kommen. Gewiß wird es für uns alle ein freudenreiches werden, trotz aller Sorgen, die auf uns lasten. Ebenso wichtig wie die äußeren Umstände ist unser inneres Verhältnis zum Fest. Und da wünsche ich Euch allen, daß es an dieser Einstimmung bei keinem fehlen möge.
Berny und Marianne wünsche ich viel Freude in ihrem Caritasdienst. Kranken und Verwundeten zu helfen, ist eine schöne Aufgabe. Möge sie Euch beiden immer gefallen. Elisabeth muß mir in einem Briefe einmal erzählen, wie es

ihr als Kinderpflegerin geht. Es interessiert mich. Von den beiden großen Mädchen kenne ich ja aus Briefen oder der Schilderung von Berny, wie es in ihrem Berufe zugeht. Nun würde ich gern etwas von Elisabeth hören. An Alex einen treuen Gruß. Er gibt mir ständig Bericht über Schule und Pflegeeltern und über sich selbst. Herzlichen Gruß auch an Bernhard. Er muß als der einzige »Mann« daheim jetzt der Mutter besonders fleißig und willig helfen. Der kleinen Leni ebenfalls herzlichen Gruß. Immer steht das Gartenbild mit Bernhard und Leni in dem Sessel in unserem Garten vor meinen Augen. So vergesse ich die beiden nicht. Allen Kindern noch einmal herzliche Grüße und Wünsche.
Nun zu Dir, liebe Mutter! Mit besonderer Liebe und Herzlichkeit gedenke ich Deiner. In den Tagen des Pfarrpatroziniums St. Agnes wirst Du gewiß meiner besonders gedenken, wie ich es immer auch für Dich tue. Ich hoffe, daß Dir Dein Herzleiden nicht allzuviel zu schaffen macht. Halte Dich tapfer und gesund. In inniger Liebe und herzlicher Treue verbleibe ich Dir alle Tage verbunden, bis wir uns wiedersehen. Viele herzliche Grüße und tausend gute Wünsche für Dich Dein

                              Nikel.

Gruß an Deinen und meinen Vater, Deine und meine Geschwister und an alle Verwandten und Freunde, besonders an die vier Soldaten: Paul, Karl, Werner und Heinz und an Michael.

Brief vom 24.12.1944

Am Heiligen Abend beginnt Nikolaus Groß seinen Brief mit der Erinnerung an das erste gemeinsame Weihnachtsfest, das die Eheleute 1923 in Zwickau hatten feiern können. Die Verbundenheit mit der Familie prägt diesen Brief, aber er gedenkt auch der Verwandten und Freunde. Erwähnt werden ferner Gertrud Handlos sowie die Witwe von Dr. Franz Röhr, führende Persönlichkeit in der Bildungsarbeit der christlichen Gewerkschaften und der KAB, mit dem Groß und Letterhaus persönlich befreundet waren.

Gute Dinge des Leibes habe ich nicht zu bieten. Aber jeden Tag habe ich hunderte Päckchen an Euch abgeschickt: Gebete für eine gesegnete und gnadenreiche Weihnacht. An jeden einzelnen habe ich gedacht, für jeden von Euch meine besonderen Bitten und Wünsche ausgesprochen. In dieser liebenden Sorge bin ich allmählich in einen Weihnachtsfrieden gekommen, es hat in aller Einsamkeit und Trennung ein Zustand stillen Glückes mein Herz ergriffen, wie ich ihn früher nie so gespürt habe. Gott hat sicher mit uns etwas Besonderes vor, und deshalb sind diese Weihnachten nicht nur traurig, sondern auch gesegnet und gnadenvoll.

Nikolaus Groß   (1) Berlin-Tegel, den 24.12.44
Nr. 1499   Seidelstraße 39
8/326   Haus 1

Allerliebste Mutter!
Ihr lieben und guten Kinder alle!

Es ist Heiligabend. Zwar wenn Euch dieser Brief erreicht, werden die Festtage vergangen sein. Aber ich will mich für eine Stunde mit Euch unterhalten über meine Weihnacht. Ich erinnere mich, liebste Mutter, der vielen Weihnachtsfeste, die wir gemeinsam gefeiert haben. Zuerst 1923 in

Zwickau waren wir beide es allein. Im nächsten Jahre, in Niederwenigern, war unser Klaus zum ersten Male unter uns. Dann wurden es immer mehr: Berny kam hinzu, Marianne, Elisabeth, Alexander, Bernhard und Leni. Es waren schöne, innige Feste, die wir mit unseren Sieben feierten. Vor zwei Jahren wurden es zum ersten Male weniger, als unser Klaus fehlte. In diesem Jahre sind wir noch mehr auseinandergerissen.
Ich erinnere mich auch, wie es in den letzten Jahren war. Weißt Du noch, Mutter, wie ich vor drei und zwei Jahren Dir durch unerwartetes Honorar helfen konnte. Wieviel Freude konntest Du damit den Kindern machen. In diesem Jahre nun habe ich nichts. Meine Hände sind leer. Und doch sind sie nie gefüllter und gebefreudiger gewesen. Allerdings: Gute Dinge des Leibes habe ich nicht zu bieten. Aber jeden Tag habe ich hunderte Päckchen an euch abgeschickt: Gebete für eine gesegnete und gnadenreiche Weihnacht. An jeden einzelnen habe ich gedacht, für jeden von Euch meine besonderen Bitten und Wünsche ausgesprochen. In dieser liebenden Sorge bin ich allmählich in einen Weihnachtsfrieden gekommen, es hat in aller Einsamkeit und Trennung ein Zustand stillen Glückes mein Herz ergriffen, wie ich ihn früher nie so gespürt habe. Gott hat sicher mit uns etwas Besonderes vor, und deshalb sind diese Weihnachten nicht nur traurig, sondern auch gesegnet und gnadenvoll. Und in jeder Stunde, an jedem Tage erfüllt es mich mit neuer, wachsender Freude, daß ich für Euch beten und Euch helfen kann bei der Vorbereitung auf ein gottgesegnetes Fest. Mögen wir alle am Weihnachtsmorgen eine Herberge, eine Krippe in uns bereithaben, nicht so am Rande, in einem Winkel, in einem Stalle, sondern in der Mitte unseres Herzens. Und möge es von keinem von uns heißen, daß bei ihm »kein Platz gewesen sei«.
So bin ich in all der Wirrnis, die uns überfallen hat, nicht zu bedauern: Ich habe meinen Frieden und mein Glück. Was mein Herz bedrücken könnte, das seid Ihr – Du liebe

Mutter besonders –, die Ihr dort der Gefahr und dem Ungewissen ausgesetzt seid. Mein Herz ist aber auch glücklich und dankbar in dem Gedanken an all die Liebe, die mir von dort entgegenschlägt. Gott danke und lohne sie Euch. Ich habe sie in diesen Tagen genug erfahren. In meinen Dank schließe ich besonders Frl. Gertrud und Frau Röhr mit ein. Sage es ihnen, wenn Du, liebe Lisbeth, Gelegenheit dazu hast. Grüße auch alle Verwandten, Freunde und Bekannten. Innigste Grüße an die Kinder: an Berny, Marianne, Elisabeth, Alexander, Bernhard und Leni. Ein heute besonders herzliches und inniges Gedenken für den aus uns, der das schwerste Los trägt: Klaus.
Und nun, Mutter, noch etwas Besonderes für Dich. Am 21. bekam ich Deinen am 7. morgens vor der Abreise geschriebenen Brief in die Hand. Ich war darüber sehr froh. Du schreibst, daß Du im Januar wiederkommen willst. Du weißt, wie gerne ich Dich hier habe und wie groß für mich das Geschenk Deines Besuches ist. Aber bei der weiten Reise, der damit verbundenen Gefahr, mußt Du doch sehr überlegen, ob Du fahren willst. Es ist zuviel an Anstrengung für Dich. Übernimm Dich also nicht, Du hast so vieles geordnet, daß wir alle getrost sein können.
Mit Deinem Brief erhielt ich 3 Briefe von Alex vom 26. und 30. Nov. und vom 2. Dezember. Schreibe ihm meinen herzlichen Dank, dem treuen Kerl.
Tief unten aus dem Hause tönen die Lieder und Gebete der Weihnachtsfeier der Anstalt: »Stille Nacht« – »O du fröhliche« und andere Lieder. Noch einmal schließe ich Dich, liebste Herzensmutter, in alle meine Gebete und Wünsche ein. In tiefer Liebe und heiliger Treue bleibe ich Dein

          Nikel.

Meine Brille ist am 19. gut angekommen. Außer dem Berliner Brief der Mutter und den Briefen von Alex habe ich keine Post bekommen; es steht auch die Weihnachtspost noch aus. Sie wird sicher in den nächsten Tagen kommen. Schreibt Alex, daß ich ihm für das Fotoalbum von Herzen danke; es ist sehr schön! Antwortet ihm, daß ich Pakete nicht empfangen darf.

Kassiber vom 27.12.1944 und 2.1.1945

In Kassibern an Gertrud Handlos dankt Nikolaus Groß für Päckchen beziehungsweise Sendungen, die sie ihm geschickt hat. Er bittet aber darum, keine weiteren folgen zu lassen: Nikolaus Groß möchte nicht, daß andere für ihn Opfer bringen. Gleichzeitig deutet er an, daß an ihn gerichtete Post zurückgehalten wird.

Kassiber 27.12.

Herzlichen Dank und innige Grüße.
Gott vergelte es Ihnen.

       Treuen und herzlichen Gruß
                    N. Groß

Kassiber 2.1.

Liebes Fräulein Gertrud!

Ich habe mir gedacht, daß Sie heute wieder kommen würden. Vielen und herzlichen Dank. Aber nun müssen Sie Ihre Lieferungen wohl einstellen. Ich kann es nicht verantworten, von Ihnen für längere Zeit etwas anzunehmen, wovon ich nicht weiß, ob es Ihnen meine Frau gutmachen kann. Sie haben mir während der Feiertage so treu geholfen, daß ich wirklich gut versorgt war.
Von meiner Frau und den Kindern habe ich seit Anfang Dezember keine Post. Der letzte Brief meiner Frau stammt hier aus Berlin, vor ihrer Abreise.
Vielen herzlichen Dank und ein gesegnetes neues Jahr

                    Ihr N. Groß.

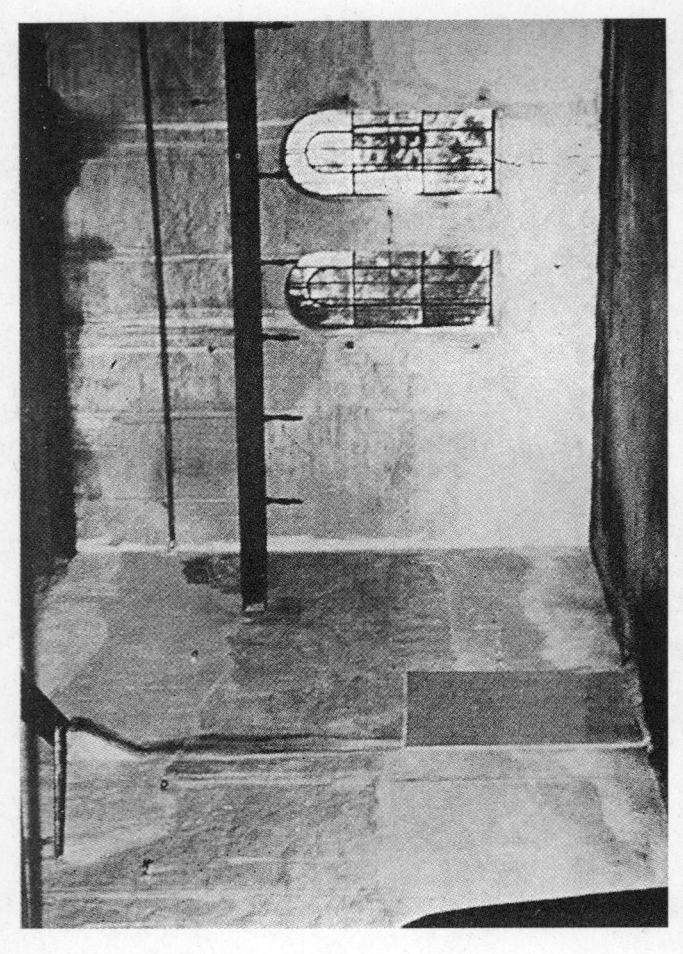

Die Hinrichtungsstätte des Zuchthauses Berlin-Plötzensee.

Brief vom 31. 12. 1944

Nikolaus Groß und seine Frau Elisabeth kannten einander seit ihrer gemeinsamen Schulzeit. Ihre persönliche Beziehung begann am Silvesterabend 1920 (»Altjahrsabend«). Sein Brief vom 31. 12. 1944 ruft diese Zeit und die außergewöhnlich harmonische Ehe in Erinnerung. Die geistige Verbindung mit seiner Frau und der Familie sind die Insel, auf die sich Nikolaus Groß angesichts seiner trostlosen Umgebung zurückzieht. Seine Sorgen gelten wiederum auch Verwandten und Freunden. Er schließt aber keinen Brief ab, aus dem nicht der Glaube an Gott und die Kraft des Gebetes Hoffnung nach draußen vermitteln sollen.

Diesen Gruß schreibe ich Euch am Sylvestertage, dem letzten Tage des Jahres. Meine Gedanken gehen zurück bis zum Altjahrsabend 1920, also vor 24 Jahren, wo wir uns, liebste Lisbeth, fanden und kennenlernten. Wieviel umfassen diese 24 Jahre. Vieles Schwere und Leidvolle, doch auch viel Glück und Freude. Das Gute und Schöne hat immer das andere überwogen. Besonders Ihr, Du und die Kinder, habt für mich das Glück bedeutet. Und so danke ich Gott an diesem Tage für allen Segen, den er mir in diesen 24 Jahren hat zukommen lassen. Ich danke ihm, daß er Euch mir gegeben hat, und ich bitte ihn, daß er Euch mir erhält.

Nikolaus Groß Berlin-Tegel, den 31.12.44
Nr. 1499 Seidelstraße 39
8/326 Haus 1

Liebste Lisbeth!
Ihr lieben Kinder alle!

Diesen Gruß schreibe ich Euch am Sylvestertage, dem letzten Tage des Jahres. Meine Gedanken gehen zurück bis zum Altjahrsabend 1920, also vor 24 Jahren, wo wir uns, liebste Lisbeth, fanden und kennenlernten. Wieviel umfassen diese 24 Jahre. Vieles Schwere und Leidvolle, doch auch viel Glück und Freude. Das Gute und Schöne hat immer das andere überwogen. Besondes Ihr, Du und die Kinder, habt für mich das Glück bedeutet. Und so danke ich Gott an diesem Tage für allen Segen, den er mir in diesen 24 Jahren hat zukommen lassen. Ich danke ihm, daß er Euch mir gegeben hat, und ich bitte ihn, daß er Euch mir erhält. An vieles läßt sich denken an einem solchen Tage. Unser Leben hat wahrlich genug des Erinnerungswürdigen geboten, Dinge und Geschehnisse, die uns zu ihrer Zeit das Herz bewegt haben und es heute noch tun. Und es gibt auch genug zu bedenken, was die Zukunft angeht. So ist für mich dieser Sylvestertag ein Tag tiefinnerer Besinnung.

So war es auch an den Weihnachtstagen. Sie sind für mich still und friedlich vergangen, und ich habe sie weitaus besser ertragen, als ich vorher angenommen hatte. Ihr, Du und die Kinder, fehltet mir; sonst ließe sich, was das andere angeht, auch unter den besonderen Umständen meiner Lage, ein Fest wie das Weihnachtsfest mit innerem Gewinn erleben. Ich glaube, daß mir dieser Gewinn nicht versagt geblieben ist.

Nun zu unseren persönlichen Angelegenheiten. Mir geht es den Umständen nach gut. Gesundheitlich habe ich nicht zu klagen; eine kleine Grippe für einen Tag machte mir nicht viel zu schaffen. Unangenehmer ist für mich, daß bei dem Tagesangriff, den Du, liebe Mutter, damals hier erlebtest, unsere Küche getroffen wurde und die Reserveküche die Dinge nicht voll bewältigen kann. Dadurch ist mein Kartoffelbrei, der mir eine gute Hilfe war, in Fortfall gekommen. Aber mache Dir deshalb, liebste Lisbeth, keine Sorge. Ich brauche wirklich nicht zu hungern. Dagegen beunruhigt mich das Ausbleiben der Post aus dem Westen. Wenn ich nicht von Gertrud regelmäßig hörte, wäre ich verlassen. Aber auch sie weiß nichts von Euch. Auch von Alex höre ich nichts. Es liegt zweifellos an den postalischen Verhältnissen. Die müssen wir halt in dieser

Kriegszeit in Kauf nehmen. Irgendwann wird ja wieder Post kommen; aber in dieser Woche habe ich nicht eine Zeile erhalten.
Hoffentlich seid Ihr alle gesund. Ich bete täglich darum. Auch für die beiden Opas und deine und meine Geschwister. Wo ist Paul, wo Johannes Bröxkes? Gruß an Michael, Heinz, Werner und Karl.
Besondere Grüße allen lieben und guten Kindern: Berny, Marianne, Elisabeth, Alex, Bernhard und Leni. Für das neue Jahr wollen wir besonders unseres Klaus gedenken.
Mit den innigsten Gedanken gehe ich für Dich, liebste Mutti, in das neue Jahr hinüber. Was es an heißen Wünschen und Gebeten gibt, das habe ich für Dich, Mutter, in diesen Tagen gewünscht und gebetet. Möge uns Gott die Erfüllung geben. In treuer Liebe bin ich immer

          Dein Nikel.

Brief vom 6.1.1945

Im katholisch geprägten Vorkriegs-Köln spielte das Fest der Heiligen Drei Könige, deren Gebeine der Legende nach im Kölner Dom aufbewahrt werden, eine ganz zentrale Rolle. Nikolaus Groß nimmt darauf Bezug. Er ist seit der Vorweihnachtszeit ohne Nachricht von seiner Familie und unverkennbar besorgt. Daß das wochenlange Ausbleiben der Post lediglich mit kriegsbedingten Problemen zusammenhing, kann bezweifelt werden. – Zum ersten Male befaßt sich Nikolaus Groß mit der Möglichkeit eines schlimmeren Ausgangs des Verfahrens vor dem Volksgerichtshof, dem er entgegensieht. Er legt alles in Gottes Hand.

Gesundheitlich geht es mir noch gut. Ich habe keinen Grund zur Klage. Und im übrigen rüste ich mich für alle Fälle und jede Probe, die der Herrgott von mir verlangen könnte.

Nikolaus Groß Berlin-Tegel, den 6. 1. 45
Nr. 1499 Seidelstraße 39
8/326 Haus 1

Allerliebste Frau und Mutter!
Ihr lieben und guten Kinder alle!

Heute, da ich Euch diesen Gruß und Brief schreibe, ist Dreikönigentag. Wie ist dieser Tag in Köln immer gefeiert worden. Nun, heute wird das auch nicht mehr sein.
Wie geht es Euch? Ich habe seit Wochen keine Post von Euch. Nicht ein einziger Festtagsbrief ist angekommen. Es hängt dies gewiß mit den Transportverhältnissen zusammen. Allerdings kam auch von Alex seit dem Heiligen Abend keine Nachricht. Auf die schwierigen Verkehrsverhältnisse und die Einschränkungen durch besondere Reiseerlaubnis führe ich es zurück, daß Mutter ihren vorgesehenen und angekündigten Besuch hier noch nicht durchführen konnte. Es drängt sie ganz gewiß genug hierher, aber die Umstände sind stärker als aller gute Wille.
Ich möchte gerne wissen, wie es Euch allen geht. Die Beunruhigung und Gefährdung durch die Flieger dort ist ja sehr stark. Ich denke immer daran, wenn ich die Berichte in den Zeitungen lese. Ich denke aber auch ohne

diese Erinnerung ständig an die Gefahr, in der Ihr Euch befindet, und ich vergesse keinen Tag, sie in mein Gebet einzuschließen.
Gesundheitlich geht es mir noch gut. Ich habe keinen Grund zur Klage. Und im übrigen rüste ich mich für alle Fälle und jede Probe, die der Herrgott von mir verlangen könnte. Seid gewiß, daß ich alles als seinen Willen hinnehme und daß ich mich darin nicht wankend machen lasse. Er möge mir seine Gnade und seinen Beistand dazu geben.
Mit großer Liebe denke ich an Euch. Vergeßt mich in Eurem Gebet nicht. Ich bitte, grüßt die beiden Opas, meine und Deine Geschwister und alle Verwandten und Freunde. Einen besonderen Herzensgruß allen Kinder: Berny, Marianne, Elisabeth, Alexander, Bernhard und Leni. Ein inniges Gedenken für Klaus. Keinen vergesse ich auch nur eine Stunde des Tages.
Zum Schluß innigste und herzlichste Grüße für Dich, liebe Mutter. Ich werde zeit meines Lebens nicht aufhören, Deiner zu gedenken, Dich zu lieben und für Dich zu beten. Gottes Segen mit Dir und den Kindern.
In steter Treue und Liebe Euer aller

Vater.

Kassiber vom 11.1.1945

Der Brief vom »Dreikönigentag« ließ das Ausmaß der seelischen Belastung erahnen, unter der Nikolaus Groß stand und die er zu kaschieren suchte. Aus diesem Kassiber vom 11. Januar geht hervor, welche Stärkung der Besuch seiner Frau für ihn bedeutete. – Der Prozeß gegen ihn ist unbefristet verschoben.

Gottes Wege sind wunderbar, und wie er uns etwas schickt, das können wir nicht vorausberechnen.

Kassiber 11.1.45

Allerliebste Mutter!

Die Sache ist vertagt, und es steht in keiner Weise in Aussicht, wann sie stattfindet. Das ist bedauerlich – vielleicht auch ist es gut so. Ich habe darüber auch nach diesen zwei Tagen kein Urteil. Gottes Wege sind wunderbar, und wie er uns etwas schickt, das können wir nicht vorausberechnen. Ich hätte Dich gewiß gerne an dem Entscheidungstage in meiner Nähe gehabt – Dein Besuch am Samstag war für mich eine solche Quelle neuen und noch größeren Mutes und Vertrauens, daß ich es gar nicht sagen kann –, aber nach dieser Verschiebung auf unbestimmte Zeit kannst Du unmöglich hier bis zur Festsetzung und Abhaltung des neuen Termins warten. Es kann Wochen dauern – möglicherweise aber auch schon in Tagen sein. Dies letztere allerdings ist wahrscheinlicher. Ich bitte Dich aber im Interesse der Kinder, wieder heimzufahren. Beten kannst Du auch zu Hause, und ich habe durch Deinen Besuch festgestellt, wie nahe wir uns in jedem Augenblick auch über 500 Kilometer Entfernung sind. Unsere Herzen schlagen im gleichen Takt und Gedanken, und das ist ja schließlich wichtiger als räumliche Nähe. Gewiß: durch Dein Herz wird ein Riß gehen, wenn Dich die Pflicht zu den Kindern ruft und die gleiche Pflicht Dich veranlassen

möchte hierzubleiben. Doch hast Du hier das Beste getan, Du hast geholfen in einer Weise, wie ich sie mir nie geträumt hätte. Du kannst, glaube ich, hier nichts mehr tun, und darum tust Du gut daran, zu den Kindern zu fahren. Sie brauchen Dich, und Dein Gebet mit dem der Kinder ist ja dort ebenso wirksam. Ich bitte Dich also, um der Kinder willen heimzufahren.
In der Eile und in der Freude auf Deinen Besuch am Samstag, als Du mir den Koffer mit dem Anzug hereinschicktest, habe ich gar nicht bedacht, daß ich die Wäsche hätte hier halten sollen. Nun habe ich hier schmutzige Wäsche, die gereinigt und ausgebessert werden müßte. Ich habe vor 8 Wochen zuletzt Wäsche abgeben können, und nun brauche ich allmählich neue, reine Wäsche. Willst Du mir die Hemden hereingeben und die schmutzige Wäsche abholen? Frl. Gertrud kann sie ja später zurückbringen.
Vorgestern abend erhielt ich 9 Briefe von Euch: Drei von Dir vom 13., 19. und 26. 12.; dann einen von Berny vom 25. 12.; drei von Marianne vom 9., 20. und 25. 12.; zwei von Alex vom 23. und 30. Dezember. Manches wußte ich bereits aus Deinem Besuch, aber es war doch noch viel Neues in ihnen enthalten. Vor allem ist es immer wieder die Liebe, die aus allen Zeilen spricht. Du wirst gewiß nicht vergessen, allen Kindern herzlich zu danken. Daß ich besonders Dir danke, brauche ich Dir bei unserem Verhältnis nicht zu sagen. Du weißt, mit welcher Innigkeit ich an Dir hänge und gerade an Dir, und da werde ich gewiß die Dankbarkeit nicht vergessen. Vielleicht wirst Du den einen oder anderen Tag noch bleiben. Aber wenn Du dann fährst, grüße alle lieben Kinder und Verwandten. Ich denke an sie, und sie werden an mich denken – so wollen wir einander treu bleiben. Herzinnige Grüße und ein stetes Gebet für Dich

Dein
Nikel.

Gruß an alle guten Menschen. Frl. Gertrud, Wolny, und wer Dir sonst behilflich war.
Mit den 6 Briefen vom Montag erhielt ich also in zwei Tagen 15 Briefe.

Brief vom 13.1.1945

Der Besuch seiner Ehefrau gibt Nikolaus Groß die Gelegenheit, den pro Woche erlaubten Brief ausnahmsweise an den Sohn Alexander zu richten. Er bittet, Rektor Valks und die befreundete Familie Stärck in Weingarten-Baienfurth zu grüßen, wo Alexander zum Schutz vor den Kriegseinwirkungen untergekommen ist.

Jedes Opfer trägt seinen Segen in sich, und so gewiß auch unser Opfer.

Nikolaus Groß   (1) Berlin-Tegel, d. 13.1.45
Nr. 1499   Seidelstraße 39
8/326   Haus 1

Lieber Alex!

Die Mutter war zu Besuch hier, und da kann ich diesen Brief für Dich verwenden. Du schreibst mir immer so treu und fleißig, und ich kann Dir so wenig antworten. Da wird es Dich gewiß freuen, einmal doch von mir zu hören.
Aus Deinen Briefen weiß ich, daß es Dir noch gut geht. Ich kann das gleiche von mir berichten. Für uns beide war es ein schweres Opfer, Weihnachten fern von der Heimat und der Familie verbringen zu müssen. Aber jedes Opfer trägt seinen Segen in sich, und so gewiß auch unser Opfer. Du bist immer noch in der glücklichen Lage, bei lieben Menschen zu wohnen, die Dir das Elternhaus nach besten Kräften ersetzen. Dafür kannst Du nicht dankbar genug sein. Ich habe immer wieder mit großer Freude aus Deinen Briefen entnommen, wie die liebe Familie Stärck für Dich sorgt und was sie alles für Dich tut. Auch ich danke der Familie Stärck für alles Gute, das sie Dir erweist. Gott möge es ihr vergelten.
In der Schule scheinst Du ja zurechtzukommen. Das freut mich. Ich habe als selbstverständlich angenommen, daß Du in dieser Zeit, in der wir so viel Sorgen zu tragen habem, uns nicht noch weiteren Kummer machen würdest.

Das hast Du auch nicht getan. Ich danke Dir dafür. Bleibe auch weiterhin fleißig in der Schule, siehe zu, daß Du mit allen Arbeiten und in allen Fächern mitkommst. Du machst Dir und uns dadurch Freude, und es wird einmal zu Deinem eigenen Nutzen sein.
Wie es zu Hause aussieht, habe ich von der Mutter gehört. Deine Briefe bekomme ich regelmäßig. Herzlichen Dank auch für das schöne Fotoalbum, das ich am Heiligen Abend erhielt. Vielen, vielen Dank. Bestelle bitte herzliche Grüße an Rektor Valks, von dem ich vor einigen Tagen den zweiten Brief bekam. Besondere Grüße und Dank an Familie Stärck und Hans.
Mit herzlichem Gedenken und Gebet verbleibe ich in Liebe

                                              Dein
                                                Vater.

Brief vom 20.1.1945

Fünf Tage zuvor war Nikolaus Groß vom Volksgerichtshof zum Tode verurteilt worden – ein Urteil, mit dem er nicht wirklich gerechnet hatte. Er erwähnt diesen Ausgang in seinem Brief vom 20. Januar nicht – möglicherweise war ihm das verboten. Die Ortsangabe ›Tegel‹ läßt Fragen offen. Die zum Tode Verurteilten wurden in der Regel nach der Urteilsverkündung sofort nach Plötzensee verbracht, wo die Hinrichtungen stattfanden.
Nikolaus Groß schreibt an die ganze Familie; seine Frau weiß von dem Urteil. Vor diesem Hintergrund ist die Bemerkung zu verstehen, der Heimweg nach Köln werde ihr wohl »unendlich schwer geworden sein«.
Nikolaus Groß konnte am 20. Januar nicht annehmen, daß er noch eine weitere Gelegenheit haben würde, der Familie zu schreiben. So liegt die Vermutung nahe, daß er diesen Brief – er datiert vom Vortag des Pfarrpatroziniums St. Agnes – im Gedanken an den endgültigen Abschied aus dieser Welt schrieb. Darauf könnte besonders der letzte Absatz hindeuten.

Die Besuche der Mutter liegen hinter mir. In Erinnerung an sie durchströmt mich jedesmal eine tiefe und heiße Freude. Womit habe ich, liebe Mutter, es verdient, daß Du Dich unter solchen Opfern um mich bekümmerst? Wie groß und mächtig muß doch Deine Liebe sein. Ich habe das immer gewußt, aber in diesen entscheidungsvollen Tagen habe ich sie doppelt beglückt gespürt. Habe vielen und immerwährenden Dank für Deine Liebe und Treue. Und herzlichen Dank auch an alle lieben Kinder für ihr so treues und beharrliches Gebet. Ich will es jedem nach besten Kräften wiedergutmachen.

Nikolaus Groß   (1) Berlin-Tegel, d. 20.1.45
Nr. 1499
8/326

Allerliebste Frau und Mutter!
Ihr lieben und guten Kinder alle!

Die Besuche der Mutter liegen hinter mir. In Erinnerung an sie durchströmt mich jedesmal eine tiefe und heiße Freude. Womit habe ich, liebe Mutter, es verdient, daß Du Dich unter solchen Opfern um mich bekümmerst? Wie groß und mächtig muß doch Deine Liebe sein. Ich habe das immer gewußt, aber in diesen entscheidungsvollen Tagen habe ich sie doppelt beglückt gespürt. Habe vielen und

immerwährenden Dank für Deine Liebe und Treue. Und herzlichen Dank auch an alle lieben Kinder für ihr so treues und beharrliches Gebet. Ich will es jedem nach besten Kräften wiedergutmachen.
Nun ist die Mutter in diesen Stunden wahrscheinlich auf der Heimreise. Möge sie von allen Gefahren unbehelligt bleiben. Es ist dies mein Gebet, das sie auf der ganzen Heimreise begleitet. Für die Mutter wird der Heimweg unendlich schwer geworden sein. Aber mit Gottes Gnade gelingt uns viel, wozu wir allein aus menschlichen Kräften nicht imstande wären, nicht wahr, Mutter?
Morgen ist St. Agnestag. Da werde ich besonders an Euch alle und an jeden einzelnen denken. Was wohl von der lieben St. Agnes in Köln noch steht? Die äußeren Dinge und Zeichen gehen dahin; wichtig ist nur, daß wir uns die inneren Werte, die reinen Werte der Seele und des übernatürlichen Lebens bewahren.
Ich muß noch an Bernys Geburtstag denken. Wenn dieser Brief bei Euch anlangt, wird der 10. Februar bereits da oder gar schon vorüber sein. Wie dem aber auch sei: Du weißt, liebe Berny, daß ich Dir nicht nur für diesen einen Tag, sondern für Dein ganzes Leben von Herzen Gottes Gnade und Segen und alles Glück wünsche. Gott segne Dich und Michael und alle, die Dir lieb sind.
Nun für Euch alle viele und herzliche Grüße: für die beiden Opas, für Deine und meine Geschwister und alle Freunde, Verwandten und Bekannten. Besondere Grüße an Berny, Marianne, Elisabeth, Alex, Bernhard und Leni. Noch einmal danke ich Dir, liebe Mutter, für Deine Liebe und Treue, für alle Opfer und allen Starkmut. Ich höre nicht auf, Dich zu lieben und für Dich zu beten.
In tiefer Dankbarkeit immer

       Dein
        Nikel.

Vergessen wir unseren lieben Klaus nicht.

Abschiedsbrief vom 21.1.1945

Am 21. Januar 1945, zwei Tage vor seiner Hinrichtung, kann Nikolaus Groß einen letzten Brief schreiben, in dem er von seiner Familie Abschied nimmt. Dieser Brief trägt keine Häftlingsnummer und ist folglich auch nicht auf dem offiziellen Weg aus dem Gefängnis gekommen. Wahrscheinlich hat Pfarrer Buchholz ihn bei seinem Besuch in der Todeszelle mitgenommen, oder der Brief ist auf einem nicht mehr rekonstruierbaren, jedenfalls von der Zuchthausführung unkontrollierten Weg an die Familie gelangt.

Der Name des Herrn sei gepriesen. Sein Wille soll an uns geschehen. Fürchtet nicht, daß angesichts des Todes großer Sturm und Unruhe in mir sei. Ich habe täglich immer wieder um die Kraft und Gnade gebeten, daß der Herr mich und Euch stark mache, alles geduldig und ergeben auf uns zu nehmen, was er für uns bestimmt oder zugelassen. Und ich spüre, wie es durch das Gebet in mir still und friedlich geworden ist.

Berlin-Tegel, den 21.1.45

Herzallerliebste Mutter!
Ihr lieben und guten Kinder!

Es ist St. Agnestag, an dem ich diesen Brief schreibe, der, wenn er in Eure Hände kommt, zusammen mit einem anderen Brief, den ich im November schrieb, Euch künden wird, daß der Herr mich gerufen hat. Vor mir stehen Eure Bilder und ich schaue jedem lange in das vertraute Angesicht. Wieviel hatte ich noch für Euch tun wollen – der Herr hat es anders gefügt. Der Name des Herrn sei gepriesen. Sein Wille soll an uns geschehen. Fürchtet nicht, daß angesichts des Todes großer Sturm und Unruhe in mir sei. Ich habe täglich immer wieder um die Kraft und Gnade gebeten, daß der Herr mich und Euch stark mache, alles geduldig und ergeben auf uns zu nehmen, was Er für uns bestimmt oder zugelassen. Und ich spüre, wie es durch das Gebet in mir still und friedlich geworden ist.
Mit inniger Liebe und tiefer Dankbarkeit denke ich an

Euch zurück. Wie gut ist doch Gott und wie reich hat Er mein Leben gemacht. Er gab mir seine Liebe und Gnade, und er gab mir eine herzensliebe Frau und gute Kinder. Bin ich ihm und Euch dafür nicht lebenslangen Dank schuldig? Habt Dank Ihr Lieben, für alles, was Ihr mir erwiesen. Und verzeiht mir, wenn ich Euch weh tat oder meine Pflicht und Aufgabe an euch schlecht erfüllte. Besonders Dir, liebe Mutter, muß ich noch danken. Als wir uns vor einigen Tagen für dieses Leben verabschiedeten, da habe ich, in die Zelle zurückgekehrt, Gott aus tiefem Herzen gedankt für Deinen christlichen Starkmut. Ja, Mutter, durch Deinen tapferen Abschied hast Du ein helles Licht auf meine letzten Lebenstage gegossen. Schöner und glücklicher konnte der Abschluß unserer innigen Liebe nicht sein, als er durch Dein starkmütiges Verhalten geworden ist. Ich weiß: Es hat Dich und mich große Kraft gekostet, aber daß uns der Herr diese Kraft geschenkt, dessen wollen wir dankbar eingedenk sein.

Manchmal habe ich mir in den langen Monaten meiner Haft Gedanken darüber gemacht, was wohl einmal aus Euch werden möge, wenn ich nicht mehr bei Euch sein könnte. Längst habe ich eingesehen, daß Euer Schicksal gar nicht von mir abhängt. Wenn Gott es so will, daß ich nicht mehr bei Euch sein soll, dann hat Er auch für Euch eine Hilfe bereit, die ohne mich wirkt. Gott verläßt keinen, der Ihm treu ist, und Er wird auch Euch nicht verlassen, wenn Ihr Euch an Ihn haltet.

Habt keine Trauer um mich – ich hoffe, daß mich der Herr annimmt. Hat Er nicht alles wunderbar gefügt. Er ließ mich in einem Hause, in dem ich auch in der Gefangenschaft manche Liebe und menschliches Mitgefühl empfing. Er gab mir über fünf Monate Zeit – wahrlich eine Gnadenzeit –, mich auf die Heimholung vorzubereiten. Ja, er tat viel mehr: Er kam zu mir im Sakrament, oftmals, um bei mir zu sein in allen Stürmen und Nöten, besonders in der letzten Stunde. Alles das hätte ja auch anders sein können. Es war nur ein kleines dazu nötig, ich brauchte, wie viele andere nach dem Angriff vom 6. 10. nur in ein anderes Haus verlegt werden, und ich hätte vieles und Entscheidendes nicht empfangen. Muß ich nicht Gottes weise und gnädige Fügung preisen und Ihm Dank sagen für seine Güte und väterliche Obhut? Sieh, liebe Mutter, so menschlich schwer und schmerzlich mein frühes Scheiden auch sein mag – Gott hat mir damit gewiß eine große Gnade erwiesen. Darum weinet nicht und habt auch keine Trauer; betet für mich und danket Gott, der mich in Liebe gerufen und heimgeholt hat.

Ich habe für jeden von Euch ein Spruch- oder Andachtsbildchen mit einem persönlichen letzten Wort versehen. Möge es jedem eine kleine Erinnerung sein, auch zu der Bitte, mich im Gebet nicht zu vergessen.

Eine große Freude war mir das Sterbekreuz und der Rosenkranz, den Du, liebe Mutter, mir in die Zelle schicktest. Ich trage das Kreuz Tag und Nacht auf der Brust, und auch der Rosenkranz ist mein ständiger Begleiter. Ich werde Sorge tragen, daß beides in Deine Hände zurückkommt. Auch sie werden Dir Gegenstand lieber Erinnerung sein.

Nun habe ich meine irdischen Angelegenheiten geordnet. Die Tage und die Stunden, die mir bleiben, will ich ganz dem Gebet hingeben. Gott möge sich meiner armen Seele erbarmen und Euch immerdar mit seinem Segen und seiner Gnade begleiten.

In der Liebe Christi, die uns erlöste und unsere ganze Hoffnung ist, segne ich Euch: Dich, liebste, gute Mutter, Dich Klaus und Dich Berny, Dich Marianne und Dich Elisabeth, Dich Alexander, Dich Bernhard und Dich Leni. Ich grüße noch einmal alle teuren Verwandten, meinen Vater und Schwiegervater, meine Geschwister, Schwäger und Schwägerinnen mit ihren Kindern, alle Verwandten, Freunde und Wohltäter.

Gott vergelte Euch, was Ihr mir Liebes und Gutes getan habt. Im Vertrauen auf seine Gnade und Güte hofft auf ein ewiges Wiedersehen in seinem Reiche des Friedens

>Euer
>Vater.

Zu dem Seligsprechungsprozeß für Nikolaus Groß

Seit 1987 führt das Bistum Essen den Seligsprechungsprozeß für Nikolaus Groß. Durch den Seligsprechungsprozeß stellt die Kirche in einem kritischen Verfahren fest, ob die Voraussetzungen eines vorbildlichen Lebens gegeben sind und der Verstorbene als »Diener Gottes« verehrt werden darf.

Franz Kardinal Hengsbach, der 1991 verstorbene erste Bischof des Bistums Essen, hatte die Eröffnung des Seligsprechungsprozesses nach Zustimmung des Berliner Bischofs Joachim Kardinal Meißner, der als Ordinarius des Sterbeortes von Nikolaus Groß zuständig gewesen wäre, mit großer Freude übernommen. Nikolaus Groß ist schließlich ein Sproß der Arbeiterbevölkerung des Ruhrgebietes. Sein Geburtsort Niederwenigern, heute Teil der kreisgebundenen Stadt Hattingen, liegt in unmittelbarer Nachbarschaft zur Bistumsstadt Essen.

Die Eröffnung des Seligsprechungsprozesses hat in der Bevölkerung des Ruhrgebietes großen Zuspruch erfahren, nicht nur, weil Nikolaus Groß aus der Region stammt, sondern auch, weil er ein Repräsentant der Tüchtigkeit, Zuverlässigkeit und Solidarität der Arbeiterführer aus dem Ruhrgebiet ist. Vor allem aber haben die Gläubigen des Bistums Essen den Seligsprechungsprozeß begrüßt, weil Nikolaus Groß ein leuchtendes Fanal in der dunklen Zeit des nationalsozialistischen Deutschland ist.

Die von Nikolaus Groß verfaßten Briefe, Schriften und Zeitungsartikel liegen bereits in Rom der Kongregation für die Seligsprechungen vor. In Kürze werden auch die fachwissenschaftlichen Gutachten namhafter Historiker und Theologen den Prozeßverantwortlichen unterbreitet.

Alle Gutachten kommen zu dem Ergebnis, daß Nikolaus Groß aus tiefer gläubiger Überzeugung seinen Weg bis in den Tod durch die nationalsozialistischen Gewaltherrscher gegangen ist und selig gesprochen werden sollte. Der Ausgang des Verfahrens ist damit jedoch nicht präjudiziert.

Die für den Seligsprechungsprozeß vorgeschriebene Befragung von Zeitzeugen, die Leben und Wirken von Nikolaus Groß noch aus eigener Anschauung und aus der persönlichen Begegnung beurteilen können, steht vor dem Abschluß. Ferner wird zusammengestellt, was nach dem Tode Nikolaus Groß' am 23. Januar 1945 über ihn geschrieben wurde bzw. verdeutlicht, wie sein Gedächtnis in der Kirche, vor allem in der katholischen Arbeiterschaft, gepflegt und tradiert wird.

Das nun in zweiter Auflage vorliegende Taschenbuch mit den Gefängnisbriefen hat sich für Erwachsene und nicht zuletzt Jugendliche als wichtiges Medium lebendiger Begegnung mit Nikolaus Groß erwiesen. Wir hoffen, daß sich die gute Aufnahme bei einer breiten interessierten Leserschaft fortsetzt.

Essen, im Mai 1995　　　　　Prälat Albert Kaußen
　　　　　　　　　　　　　Postulator für den
　　　　　　　　　　　　　Seligsprechungsprozeß
　　　　　　　　　　　　　Nikolaus Groß

Zur dritten, aktualisierten Auflage 1998

Zehn Jahre nach der Eröffnung des Seligsprechungsverfahrens für Nikolaus Groß und zu seinem 100. Geburtstag erscheint die 3. Auflage des vorliegenden Taschenbuches mit seinen Briefen aus dem Gefängnis.
Die Neuauflage bestätigt das große Interesse der Menschen am Lebensbild dieses Mannes, der aus tiefer Glaubensüberzeugung und im Pflichtbewußtsein gegenüber Gott und seinem Volk den Weg bis in den Tod durch die nationalsozialistischen Gewaltherrscher gegangen ist. In der Erinnerung an ihn hört man viele Menschen sagen: »Er war einer von uns.« Diese spürbare Nähe begründet auch das Interesse vieler Menschen an einem erfolgreichen Abschluß des Seligsprechungsprozesses.
Der Heilige Vater, Papst Johannes Paul II., hat das 20. Jahrhundert als das Jahrhundert der Märtyrer bezeichnet. Er hat alle nationalen Bischofskonferenzen der Welt aufgefordert, bis zum Ende dieses 2. Jahrtausends ein Martyrologium zu erstellen, in das alle Aufnahme finden sollen, die in diesem Jahrhundert um ihres Glaubens willen in den Tod gegangen sind. Einige von ihnen will der Papst zur Jahrtausendwende seligsprechen.
Nikolaus Groß ist der einzige Laie im deutschsprachigen Raum, für den wegen seines Widerstandes gegen die nationalsozialistische Gewaltherrschaft ein Seligsprechungsprozeß geführt wird. Die Seligsprechung eines Laien wäre auch ein Zeichen der Hoffnung in die Kirche und in das neue Jahrtausend.
Nachdem alle Dokumente von ihm und über ihn wie auch die Aussagen der Zeitzeugen gesammelt und der Päpstlichen Kongregation für Heiligsprechungen übergeben worden sind, hat der römische Entscheidungsprozeß inzwischen begonnen. Mit Zuversicht hoffen viele für das Jahr 2000 auf den erfolgreichen Abschluß.

Essen, im September 1998   Msgr. Albert Kaußen

Geschichte wird in Persönlichkeiten konkret

Jürgen Aretz / Rudolf Morsey / Anton Rauscher (Hg.)
Zeitgeschichte in Lebensbildern
Aus dem deutschen Katholizismus des 19. und 20. Jahrhunderts

Vorgestellt werden insgesamt 145 Persönlichkeiten des deutschen Katholizismus, die in Politik, Kirche, Wissenschaft, Gesellschaft und Kunst besondere Bedeutung erlangt haben. Ihr Lebensweg und Lebenswerk soll damit klarer erfaßt und vor dem Vergessen bewahrt werden. Herausgeber und Autoren wenden sich nicht in erster Linie an die historische Fachwelt; vielmehr sollen die einzelnen Lebensbilder trotz ihrer wissenschaftlichen Fundierung auch historisch-kulturell Interessierten zugänglich sein.

Band 1: Georg Kardinal Kopp, Julius Bachem, Georg Graf v. Hertling, Franz Hitze, Peter Spahn, Karl Trimborn, Karl Muth, Matthias Erzberger, Felix Porsch, Hedwig Dransfeld, Konstantin Fehrenbach, Heinrich Brauns, Joseph Wirth, Wilhelm Marx, Adam Stegerwald, Heinrich Held, Joseph Joos, Heinrich Brüning, Ludwig Kaas, Adolf Kardinal Bertram, Romano Guardini

Band 3: Franz von Baader, Joseph Görres, Adolph Kolping, Franziska Schervier, Ludwig Windthorst, Joseph Edmund Jörg, Franz Brandts, Elisabeth Gnauck-Kühne, Wilhelm Hohoff, Heinrich Pesch, Joseph Mausbach, Joseph Heß, Bernhard Otte, Otto Müller, Maria Schmitz, Helene Weber, Goetz A. Briefs, Hans Globke, Julius Kardinal Döpfner

Matthias-Grünewald-Verlag · Mainz

Band 4: Adam Müller, Wilhelm Emmanuel Frhr. von Ketteler, Ignaz Döllinger, Clara Fey, Ernst Lieber, Lorenz Werthmann, Carl Sonnenschein, Viktor Cathrein, August Pieper, Agnes Neuhaus, Martin Spahn, Nikolaus Groß, Carl Ulitzka, Vitus Heller, Wilhelm Böhler, Michael Keller, Heinrich von Brentano, Eberhard Welty, Anton Storch

Band 5: Franz Joseph Ritter von Buß, Karolina Gerhardinger, Peter Reichensperger, Franz Xaver Kraus, Theodor Hürth, Eugen Bolz, Joannes Baptista Sproll, Benedict Kreuz, Ludwig Wolker, Laurentius Siemer, Josef Gockeln, Heinrich Wienken, Friedrich Dessauer, Johannes Albers, Ernst Michel, Wilhelm Elfes, Alois Hundhammer, Hans Ehard

Band 6: Johannes Kardinal von Geissel, Benedikt Schmittmann, Alfred Delp SJ, Conrad Gröber, Johannes Joseph van der Velden, Reinhold Schneider, Andreas Hermes, Hermann-Josef Schmitt, Paul Jostock, Fritz Schäffer, Heinrich Lübke, Theodor Blank, Adolf Süsterhenn, Peter Altmeier, Elisabeth Zillken, Karl Forster, Johannes Messner

Band 7: Therese Studer, Fritz Gerlich, Max Josef Metzger, Maximilian Kaller, Franz Albert Kramer, Leo Wohleb, Josef Beyerle, Maria Probst, Gertrud von le Fort, Josef Kardinal Frings, Alfred Kardinal Bengsch, Hubert Jedin, Karl Rahner SJ, Alois Mertes, Franz Josef Strauß, Kurt Georg Kiesinger, Heinrich Krone, Oswald von Nell-Breuning SJ

Band 8: Carl Mosterts, Josef Wirmer, Ferdinand von Lüninck, Heinrich Imbusch, Johannes Gronowski, Margarete Sommer, Helene Wessel, Karl Theodor Freiherr von und zu Guttenberg, Ernst Föhr, Josef Müller, Joseph Kardinal Höffner, Johann Baptist Gradl, Bruno Heck, Johannes Schauff, Gebhard Müller, Walter Dirks, Franz Kardinal Hengsbach, Hermann Josef Abs

Matthias-Grünewald-Verlag · Mainz